KB023036

한 학기 한 권 읽기

의생명편

한 학기 한 권 읽기_의생명편

펴낸날 2020년 8월 10일 1판 1쇄

지은이_최우성, 김상태, 송민호, 최어진

펴낸이_김영선
책임교정_이교숙
교정・교열_양다은, 안중원
경영지원_최은정
디자인_정혜욱, 현애정
마케팅_신용천

펴낸곳 (주)다빈치하우스-미디어숲
주소 경기도 고양시 일산서구 고양대로632번길 60, 207호
전화 (02) 323-7234
팩스 (02) 323-0253
홈페이지 www.mfbook.co.kr
이메일 dhhard@naver.com (원고투고)
출판등록번호 제 2-2767호

값 16,800원
ISBN 979-11-5874-082-5

이 도서의 국립중앙도서관 출판예정도서목록(CIP)은 서지정보유통지원시스템 홈페이지(http://seoji.nl.go.kr)와 국가자료공동목록시스템(http://www.nl.go.kr/kolisnet)에서 이용하실 수 있습니다.(CIP제어번호: CIP2020027493)

의생명 지원생들을 위한 실전 독후감 예시

한 학기 한 권 읽기

의생명편

최우성·김상태·송민호·최어진 지음

미디어숲

프롤로그

진로를 탐색하고 역량을 찾아가는 독서법

한국교사학회 회원들이 주축이 되어 청소년들의 진로를 위한 맞춤형 독서법 '한 학기 한 권 읽기' 시리즈를 출간하게 되었습니다.

이번 '의생명편'의 경우, 수학과 과학 중심의 사고에 익숙한 예비 의료인들을 위해서 폭넓은 사고와 심층적 사고를 익힐 수 있는 가이드를 제공하고자 하는 것이 집필의 동기였습니다. 집필진들은 종합적이고 융합적인 사고력을 형성할 수 있는 방법을 고민하였고, 그 결과 '데이터 구축형' 사고에서 '데이터 분석형' 사고를 길러주는 방향으로 합의점을 찾게 되었습니다.

디지털포메이션 시대가 도래하면서 방대한 양의 데이터가 하루에도 수십만 건씩 쏟아져 나옵니다. 이제는 모든 정보를 암기하거나 이해하는 일이 불가능하게 되었습니다. 오히려 이 많은 데이터 중 자신에게 도움이 되는 것을 찾아내는 능력, 데이터가 보여주는 핵심을 파악하는 능력, 그리고 그 데이터를 바탕으로 자신의 역량을 키우는 능력이 더욱 중요해졌습니다.

이런 맥락에서 '의생명 분야'의 진로를 목표로 하는 학생들이 사회의 다양한 분야에서 얻을 수 있는 지식을 재미있게 습득하는 동시에, 이를 정확하게 이해하고 효율적으로 내면화할 수 있는 노하우를 담아보았습니다. 특히 인문·사회 분야 도서를 소개함으로써 의료인에게 필요한 인간적 이해와 사회적 이해를 동시에 추구할 수 있도록 배려하였고, 수학과 과학 도서를 통해 기호 중심의 이해가 아니라 문해 중심의 학습 방법을 제공하여 수학과 과학을 흥미롭게 배울 수 있도록 하였습니다.

본문은 인문학, 사회과학, 자연과학, 수학영역 4파트로 구성했습니다. 첫 단원에 인문영역을 배치한 것은 의료를 인간의 시각에서 이해하는 안목을 길러주는 것을 목표로 하였기 때문입니다. 그리고 사회와 과학 영역을 통해 인간의 이해에서 사회의 이해로 확장된 사고를 가질 수 있도록 배치하였습니다. 자연과학에서는 의료의 연구대상이 다양하며 동시에 어떠한 프로세스를 통해서 연구가 이뤄져야 하는지를 알 수 있습니다. 수학영역에서는 수학의 엄밀성을 일상, 신체, 또는 산업 전반에 활용되는 모습을 보여줌으로써 수학에 더욱 친근하게 다가갈 수 있도록 하였습니다.

이 책은 은유와 비유를 적절하게 끄집어내고 이를 의료 쪽으로 진로를 희망하는 학생들이 알기 쉽게 전달하는 데 목적을 두었습니다. 또한 교과목이 가진 본질적인 역할과 기능에 대해 중점적으로 설명합니다. 아울러 과학을 이해하는 힘을 기르고, 실제로 학습이나 실험과정에서 적용할 수 있도록 책의 내용을 구성하였습니다. 특히 집필진의 입학사정관 경험을 바탕으로 어떤 책이 학생들의 사고력 신장과 학업역량 증진에 도움이 되는지에 대해 깊이 고민했던 것들을 반영하였습니다.

사회 · 자연과학 독서에서는 정치외교학, 행정학, 미디어 등 다방면의 지식을 활용하여 학생들이 질적연구와 양적연구의 차이점을 자연스럽게 이해할 수 있도록 구성하였습니다. 또한 사회과학과 의료영역의 학문동향을 파악하여 그 접점을 찾아내 서술하였습니다.

수학 독서에서는 '쉽고 재미있는 수학'이란 모토를 가지고 책을 선정하고 내용을 구성하였습니다. 이는 일반적으로 학생들이 수학을 어려워하는 경향이 있는데 일정 수준만 넘기면 수학이란 학문이 가장 재미있고 직관력을 기르는 데 도움이 된다는 교육철학에서 나온 것입니다. 수학과 세계의 연결에 주목하고 이 과정에서 청소년들이 얻을 수 있을 만한 통찰을 담아냈습니다.

이 책은 다음과 같이 활용하기를 권합니다.

1) '한 학기 한 권 읽기' 수업시간에 진로연계용으로 활용

2) 진로탐색 시기에 있는 학생들의 참고용 서적으로 활용

3) 수능이나 논술 준비 과정에서 비문학 독서 역량을 높이는 데 활용

4) 최신 도서의 내용을 정리하고 싶을 때 참고용 서적으로 활용

5) 의학계열의 MMI면접시험을 준비할 때 참고용 서적으로 활용

이 외에도 다양한 영역에서 활용할 수 있을 것입니다. 앞으로 한국교사학회에서 교육, 문화 등 다양한 진로영역의 도서를 출간하여 청소년들의 미래 진로 역량을 기르는 데 이바지하고 싶습니다.

저자 일동

차 례

프롤로그_ 진로를 탐색하고 역량을 찾아가는 독서법

PART 1_ '한 학기 한 권 읽기' 가이드

한 학기 한 권 읽기란 • 16

『넛지』로 보는 '한 학기 한 권 읽기' • 22

PART 2_ 인문학으로 만나는 융합형 의생명 진로 도서

면역학의 이해를 돕는 비유를 본다_『우아한 방어』 • 28

보건의료사를 통해 사회의학을 본다_『제국과 건강』 • 41

뇌과학으로 언어학을 본다_『이야기의 탄생』 • 56

PART 3_ 사회과학으로 만나는 융합형 의생명 진로 도서

경영경제학자들이 진단하는 현재의 지구를 만나다_『번영의 역설』 • 74
기후재난 시나리오를 통해 미래 지구를 만나다_『2050 거주불능지구』 • 92
사회과학의 분석기법으로 한국의 미래를 만나다_『미래 시나리오 2021』 • 111

PART 4_ 자연과학으로 만나는 융합형 의생명 진로 도서

신경정신의학으로 피드백 시스템을 읽는다_『스트레스의 힘』 • 138
직업환경의학의 시선으로 현실을 읽는다_『실험실의 쥐』 • 158
세계화로 인해 변화하는 생태계를 읽는다_『지구의 밥상』 • 170

PART 5_ 수학으로 만나는 융합형 의생명 진로 도서

수학으로 사회의 원리를 생각하다_『수학의 쓸모』 • 188
인간존재를 수학으로 확장하는 법을 생각하다_『수학하는 신체』 • 204
사회현상을 수학적 원리로 환원하여 생각하다_『수학이 필요한 순간』 • 223

이 활동은 단순히 한 권을 읽는 것에 의미를 두는 것이 아니라
독서 전 단계, 독서 단계, 독서 후 단계를 모두 고려하고 있으며
학생의 자율성을 보장하면서 주도적으로 길게, 넓게, 깊게 읽는 활동입니다.

PART 1

'한 학기 한 권 읽기' 가이드

한 학기 한 권 읽기란

'다양한 미래 전망과 전문가들의 의견을 종합하여 2015 개정 국어과 교육과정에 '한 학기 한 권 읽기'를 도입했습니다. 이 활동은 공식적인 활동으로써 꾸준하게 이뤄져야 하는 만큼 뚜렷한 방향성과 계획을 갖고 실천한다면 성장에 큰 도움이 될 것입니다.

한 학기라는 꽤 긴 시간 동안 여유가 있고 다양한 기회와 연결할 수 있으니 단순히 교과 시간이라고 생각하지 않고 주어진 활동을 넘어서 적극적으로 생각하며 활동하기를 추천합니다.

가. 교수 · 학습 방향

2) 국어 활동의 총체성을 고려하여 통합형 교수 · 학습을 계획하고 운용한다.

⑥ 한 학기에 한 권, 학년(군) 수준과 학습자 개인의 특성에 맞는 책을 긴

호흡으로 읽을 수 있도록 도서 준비와 독서 시간 확보 등의 물리적 여건을 조성하고, 읽고, 생각을 나누고, 쓰는 통합적인 독서 활동을 학습자가 경험할 수 있도록 한다.

-2015 개정 교육과정 총론 중

'한 학기 한 권 읽기'는 학교, 학년마다 세부 운영은 다를 수 있으나 기본적으로는 개인의 수준과 특성에 맞는 책을 긴 호흡으로 읽는 통합적 독서 활동입니다. 그리고 책 읽기 어려운 현 실태를 고려하여 교육과정에서 책 읽기 시간을 확보한다는 취지입니다. '한 학기 한 권 읽기'는 말 그대로 한 학기에 한 권을 읽는 것인데 많은 교육 전문가들은 역량을 키우는 데 가장 바탕이 되는 활동으로 '책 읽기'를 이야기합니다.

이 활동은 단순히 한 권을 읽는 것에 의미를 두는 것이 아니라 독서 전 단계, 독서 단계, 독서 후 단계를 모두 고려하고 있으며 학생의 자율성을 보장하면서 주도적으로 길게, 넓게, 깊게 읽는 활동입니다.

독서 전 활동으로는 내용을 예상해 보거나 표지나 목차 등과 관련한 경험 이야기해 보기, 작가에 대해 알아보기 등의 활동을 할 수 있고, 독서 단계에서는 토론하기, 글쓰기, 관련 자료 보기 등의 활동을 합니다. 독후 활동으로 작가에게 편지 쓰기, 다른 장르나 매체로 바꾸어 보기 등의 활동을 하며 다양한 역량이나 관심 분야에 대한 소양을 키울 수 있는 것을 목표로 하고 있습니다.

1광년은 떨어진 책 읽기의 세계

저는 수학 기초가 부족해서 차근차근 공부하는 게 중요하다고 생각해요. 그래서 중학교 수학을 빠르게 공부하고, 잘 모르는 고1 수학을 복습하려고 했어요. 그런데 개학 후 조금 지나니까 중간고사라 우선 중간고사 시험공부를 했는데 중간고사 끝나고 나니 꿈 발표 대회가 있더라고요. 그것도 꼭 해야 할 것 같아서 대회 참가하고 났더니 기말고사가 한 달 뒤예요. 기말고사 집중하고 났더니 곧 방학이더라고요. 방학 때는 봉사활동이나 다른 여러 가지 계획 세운 것도 해야 하고 ….

'목적성'을 갖고 지속적인 탐색을 하는 것은 내가 가진 자원을 최대한 활용하고 재능을 키울 수 있는 방법입니다. 그런데 혹시 나(혹은 눈앞에 있는)의 사정이 위 학생과 비슷한가요? 길게 보고 차근차근 진로나 능력을 키우고 싶은데 할 건 많고 시간은 없고… 너무 바쁜가요? 게다가 인스타그램이나 페이스북도 해야 하고 좋아하는 가수 신곡도 챙겨야 하고 재미있는 게임도 너무 많습니다. 학생뿐만 아니라 성인들도 그렇습니다.

늘 바쁘게 지냅니다. 차근차근 공부하며 숙고할 시간이 부족합니다. 다들 책 읽기가 좋다는데 책 읽기는 익숙하지 않고 읽어도 당장 도움이 되는 것 같지도 않고 재미있어 보여도 너무 좁은 부분에 너무 깊게 파고들어서 그것만 붙들고 있기가 어렵습니다. 진로 탐색은 당장 눈앞에 닥친 내신이나 수능 공부에 밀리고 밀립니다. 1광년은 떨어져 있는 것 같은 책 읽기를, 그것도 생각하며 차근차근 읽는 걸 할 수는 있는 건지 막막합니다.

'한 학기 한 권 읽기'를 보는 관점

이것이 무시할 수 없는 현실이기 때문에 깊게 생각하며 책을 읽거나 탐색하는 활동은 머나먼 우주의 이야기입니다. 그래서 '한 학기 한 권 읽기'는 여유 있으면서도 알차게 시간을 보낼 수 있도록 합니다. 하루도 아니고 일주일도 아니고 무려 한 학기 동안 책을 한 권 읽기입니다! 그것만 하면 됩니다. 너무 부담 갖지 마세요! 한 학기에 한 권 정도 책을 읽는 것이 어떤 효과를 발휘할 수 있을까요? 혹시 '기껏해야 한 권', '시간도 길지 않은데', '성적에 크게 반영되지도 않는데'라고 생각하고 있나요? 그러면 스스로에게 이런 질문을 해보기 바랍니다.

✖ 내가 나에게 묻는다

- 한 학기에 책 한 권을 제대로 읽은 적이 있나?
- 시간에 쫓기지 않고 생각하며 책을 읽고 있나?
- 저자의 생각에 대해 과감하게 내 의견을 이야기해 본 적이 있나?
- 어렴풋이 생각한 진로에 대해 깊게 탐색해 본 적이 있나?
- 관심 있는 분야를 위해 무언가 하는 것이 있나?
- 실패하거나 시간 낭비일까 두려워도 생각하는 대로 도전을 하고 있나?

이런 질문들에 대해 '예'가 몇 개나 있나요? 만약 '예'가 한 개도 없다면 반드시! 아래와 같이 생각을 바꾸길 권합니다. 1개 이상 3개 이하라면 '한 학기 한 권 읽기'에 성실하게 참여해 보길 권합니다.

✖ **'한 학기에 한 권은 반드시!'**

✖ **'시간도 많이 안 걸리는데!'**

✖ **'성적 부담도 없으니까 과감한 도전!'**

'사람은 생각하는 대로 살지 않으면 사는 대로 생각한다'는 말이 있습니다. 단순히 주장하는 명언이 아닙니다. 사람은 경험하는 여러 가지를 저장하고 처리하면서 여러 가지 자극을 분류하고 엮으면서 자동화하거나 숙고합니다.

재미있는 실험이 있습니다. 운동을 주기적으로 하는 그룹(운동 그룹)과 운동하지 않는 그룹(비운동 그룹)에게 '운동하는 장소'와 '운동하는 목표'를 물은 뒤 '운동'이라는 표적 단어를 제시하고 얼마나 빨리 인식하는지를 확인하는 간단한 실험입니다. 참가자가 '운동하는 장소'로 대답한 장소를 점화 단어로 인식하기 어려운 짧은 시간 동안 보여준 뒤 표적 단어를 제시합니다. 이 실험에서 '운동 그룹'은 '비운동 그룹'보다 표적 단어를 더 빨리 인식합니다.

재미있는 것은 이어지는 실험입니다. 이번에는 점화 단어를 '운동하는 목표'로 제공합니다. 어떻게 됐을까요? 이번에는 '운동 그룹'의 인식 속도가 느려지고 '비운동 그룹'의 인식 속도가 빨라집니다. 신기한

가요? 운동 그룹은 운동하는 장소를 보면 운동을 자연스럽게 떠올리게 되겠지요. '비운동 그룹'은 운동은 하지 않고 운동을 '한다면' 왜 할까를 생각할 겁니다. 하지는 않으면서 말이지요. 반면 '운동 그룹'은 목표를 생각할 필요 없이 그냥 하고 있습니다. 이미 목표를 이루고 있을 것이고 그렇게 '살고' 있으니까요.

『넛지』로 보는 '한 학기 한 권 읽기'

'한 학기 한 권 읽기'의 시간은 넓고 깊게 생각하기 위한 '넛지'와도 같습니다. '넛지'란 자유주의적 개입으로써 사전적 의미는 옆구리를 슬쩍 찌르는 행위를 뜻합니다. 『넛지』의 공저자인 탈러와 선스타인 교수는 행위자의 자유를 보장하면서 바람직한 쪽으로 작용할 수 있도록 선택을 설계함으로써 자유주의적으로 개입한다는 의미로 '넛지'라는 용어를 사용합니다.

어떻게 '한 학기 한 권 읽기'가 바쁜 학생들에게 긍정적으로 작용할 수 있을까요? 학생들 역시 깊고 넓게 사고하기 위해서는 책을 읽는 것이 중요하고 필요한 일이라는 것을 알고 있음에도 시간이 부족해서 읽지 못하고 있는데 말입니다.

미래에 도움이 될 것을 위해 지금 긴 호흡으로 책을 읽기란 여간 어려운 일이 아닙니다. 그런데 '한 학기 한 권 읽기'는 내 수준과 관심에 따른 선택지와 넓고 깊게 긴 호흡을 하는 환경을 제공합니다. 해당 시간마다 읽어야 할 '거리'에 관한 활동을 하며 생각해야 하고 실행하지 않으면 불이익이 있으니 이것이 바로 '넛지'입니다.

시간마다 급할 수는 있으나 하나의 주제로 쓰인 책과 관련해서 한 학기 동안 꾸준히 생각하고 읽고 쓰는 등의 활동을 합니다. '그거야 책 읽기 좋아하는 애들 얘기고! 책 읽는 거 싫어하고 제대로 안 하면 소용없는 거 아냐?'라고 생각할 수도 있겠습니다.

또 다른 실험에서는 수프가 계속 리필되는 사실을 모르면 엄청난 양의 수프를 먹으면서도 이 사실을 깨닫지 못한다는 사실을 밝힙니다. 우리는 자연스럽게 주어진 상황에서 영향을 받으면서 형성된 행동을 더 많이 하게 됩니다. 좋은 것이든 나쁜 것이든 말이지요.

'맹모삼천지교'라는 말을 들어봤나요? 맹자의 어머니께서 환경을 바꿔주기 위해 세 번을 이사하며 교육을 위해 애썼음을 뜻합니다. 너무 먼 이야기인가요? 2018년 말부터 2019년 초까지 유행했던 드라마 〈스카이 캐슬〉에서 '쓰앵님'은 책상과 식습관은 물론 조명 톤까지 교과목이나 시간에 따라 달리 조정하며 학습에 최적화된 환경을 제공합니다. 단순히 드라마상에서 과장된 에피소드가 아니라 실제 뇌과학이나 현대 건축학 등 다양한 분야에서 활용하고 있는 방법들입니다.

사람은 환경이나 습관 등에서 형성된 '무의식'의 영향을 많이 받습니다. 그건 중요하지 않거나 아무 생각 없이 하는 활동에서만 나타나는 일이라고 생각하나요? 선거에서 후보에 대한 충분한 정보 없이 이미지만으로 선택하더라도 정보가 주어진 보통의 선거 결과에 꽤나 가까운 결과가 나타난다고 합니다. 우리에게 정말 중요한 선거조차 무의식을 무시할 수 없다고 하니 우리의 습관이나 무의식을 잘 형성해야 한다는 생각이 들지 않습니까?

주기적으로 한 주제를 다룬 책에 대해 생각하고 활동을 하다 보면 우리의 무의식은 어떻게 형성될까요? 혼자 적당히 읽고 넘어가는 게 아니라 12년 동안 학기마다 한 권의 책을 읽어가면서 주기적으로 이야기를 나누고, 표현하고, 관련된 활동을 한다면 그 주제나 책 읽기에 대한 우리의 습관은 어떻게 형성될까요?

'한 학기 한 권 읽기'를 학교에서 배우기 시작하는 때부터 한다는 것은 또 하나의 중요한 점입니다. 컴퓨터 분야에 디폴트default라는 용어가 있습니다. 경제 분야에서는 채무불이행이라는 뜻이 있는데요. 내가 아무것도 하지 않았을 때 일어나는 일이라는 단어입니다. 기기를 다루거나 할 때 초기 설정값의 의미로 사용되는 말인데 학교에 들어와 책을 읽기 시작할 때부터 생각을 공유하고 표현하면서 긴 호흡으로 읽는 것이 디폴트로 제공되는 것이며 긴 호흡으로 읽는 것은 우리의 습관이나 사고 형성에 큰 영향을 줍니다.

그러니 초등학교 1학년부터 (유치원에서도 하는 곳이 많음.) 이뤄지는 '한 학기 한 권 읽기'는 책을 읽고 생각하는 습관 형성에 매우 중요하게 작용합니다. 경제학자인 『넛지』의 저자조차 3개월을 무료로 제공받아 디폴트 값이 된 잡지를, 보지도 않으면서 취소하지 않아 10년이나 구독했다는 것을 보면 초기에 주어진 환경이 정말 중요한 것 같습니다.

마지막으로 가장 중요하다고 볼 수 있는 점이 바로 '피드백'입니다. 『넛지』의 저자들은 인간이 성과를 개선하도록 돕는 최선의 방법을 피드백이라고 합니다. 피드백은 간단히 '되먹임'이라는 뜻으로 내가 어떻게 하고 있는지에 대한 반응입니다. 우리의 체온을 유지하는 것도 더우면 열을 방출하고 추우면 열을 내는 되먹임의 결과입니다.

카메라의 찰칵 소리, 화사하게 피는 벚꽃이나 사람들의 가볍거나 두꺼운 옷차림, 붉게 물든 나뭇잎 등도 계절이 바뀌었다는 피드백 중 하나입니다. 늘 부담스러울 수 있는 시험 성적도 마찬가지로 지금의 내 수준이나 공부했던 효과가 나타났는지 확인해 볼 수 있는 피드백 중의 하나입니다.

'한 학기 한 권 읽기' 시간에는 책을 읽기 전과 읽는 중, 읽은 후까지 다양한 활동을 합니다. 내가 한 것과 다른 친구가 한 것, 그리고 서로 한 것에 대한 상호작용을 통해서 다양하고 깊은 사고를 경험하며 수정, 보완할 수 있는 기회가 많습니다. 활동의 목적과 방식 및 내용이, 개념 익히기나 당장의 효과보다는 다양하고 풍부한 상호작용을 통해 수정, 보완을 하며 성장하는 것을 목적으로 하고 있어서 더욱 의미 있고 이 활동을 내 성장의 기회로 삼을 수 있습니다.

'한 학기 한 권 읽기'의 주목할 만한 특징으로는 긴 기간으로 인한 여유, 하나의 책에 대한 풍부한 접근, 학교 교육 시작부터 12년간 유지되는 지속성으로 볼 수 있겠습니다. 이러한 특징으로 인해 실패로 생각될 수 있을 만한 시도도 과감하게 도전하고 긴 안목으로 이어지도록 활동하는 것이 필요합니다.

그러면 '한 학기 한 권 읽기'는 무엇을 어떻게 하면 좋을까요? 12년 동안 이어질 '한 학기 한 권 읽기'를 더 알차게 할 수 있는 방법이 있을까요? '한 학기 한 권 읽기'를 통해 진로를 찾아 전문가가 되어가는 방법을 찾아볼까요?

『넛지nudge』의 저자들은 넛지nudge(발음법에 따르면 너즈 혹은 너지에 가깝습니다.)와 눗지noodge(nudzh의 대체 철자)를 구분합니다. 눗지는 성가신 사람, 골칫거리, 끊임없이 불평하는 사람을 뜻한다고 합니다. 우리는 '한 학기 한 권 읽기'를 '넛지'로 잘 활용하는 게 좋을까요 아니면 눗지(골칫거리)로 대하며 우리 시간의 눗지(끊임없이 불평하는 사람)가 되는 것이 좋을까요? 선택은 우리의 몫으로 남아있습니다.

PART 2

인문학으로 만나는 융합형 의생명 진로 도서

면역학의 이해를 돕는 비유를 본다
『우아한 방어』

우아한 방어 : 우리 몸을 지키는 면역의 놀라운 비밀
맷 릭텔 저 / 홍경탁 역 | 북라이프 | 2020. 05.

핵심구절

"한때 14세기 전 세계의 절반이나 되는 수백만 명의 목숨을 앗아갔다. (…) 그것은 사이토카인 폭풍이었습니다. 사람들은 반응을 감당할 수 없어 죽어간 것이었습니다."

이 구절은 페스트가 한창 유행하던 유럽의 상황을 기록했던 책의 한 구절이다. 페스트는 흑사병으로 쥐, 벼룩에서 옮겨진 바이러스가 유발하는, 패혈증을 동반하는 치명적인 질병이다. 모든 면역계 질환의 무서운 점을 보여주고 있는데 바이러스 자체가 독성물질을 생산해 치명적인 결과를 유발하는 것이 아니라, 면역계에 교란을 일으켜 우리 스스로 몸을 파괴하게 만든다.

이 책에서는 우리가 그동안 우리 몸의 파수꾼쯤으로 알고 있었던 면역계의 양면성을 보여주며 마치 폭탄으로 만들어진 보디가드를 고용하고 있는 삶을 살고 있다는 것을 말하고 싶어 한다.

의생명 분야 연결

✖ 면역학과 의사학 분야

- 면역학: 인간 면역계의 작동 메커니즘을 연구하고 이해함으로써 감염질환 치료와 이식술에 필요한 여러 요인들을 연구하여 인간의 건강과 복지향상을 도모하는 학문.
- 의사학: 의학의 역사를 연구함.

✖ 서울대 동물생명공학 윤철희 교수 실험실 소개

면역학 및 백신 개발 연구실은 면역 시스템의 조절(활성 또는 억제) 연구를 위하여 자가[self]와 비자가[non-self]의 인식을 다양한 요인들(toll-like receptors and their ligands, MAMP[microbe-associated molecular pattern], DAMP[danger-associated molecular pattern], target gene knock-out bacteria)을 이용하여 숙주면역반응을 연구함으로써 궁극적으로 백신 또는(암 포함) 질병 맞춤형 치료를 목적으로 하고 있습니다.

본 연구실에서는 다음과 같은 연구의 과학적 흐름 및 응용을 심도 있게 연구하고자 합니다.

1. 신호전달 (기초연구)

외부자극인자와 세포 사이의 상호작용을 규명하고 세포 내 신호전달에 관한 연구를 통해 암세포 또는 면역세포에서의 조절작용 기작을 연구한다.

2. 경제동물의 면역 조절 및 백신 개발 (기초 및 응용 연구)

경제동물의 면역 기능은 대표적인 모델 동물인 쥐나 인간의 그것과는 상이한 부분을 많이 가지고 있으나 상대적으로 많이 알려져 있지 않다. 한때는 노벨상을 수상하는 연구 분야였던 것을 생각해 본다면 앞으로도 과학적 기초뿐 아니라 먹거리를 제공하는 청정 경제동물 생산에 일익을 담당하기 위해 경제동물 면역을 기초부터 기전까지 연구하고 백신을 생산하는 것은 우리의 중요한 몫이다.

3. 백신 및 면역제어기술 (응용 및 융합 기술)

효능이 있는 백신 후보 물질을 검증하고 이 후보 물질이 효율적으로 전달되어 면역 시스템을 활성화하기 위한 기술을 확립하는 데 있다. 면역학적 모니터링 시스템의 확립과 동시에 면역보조제 연구를 통하여 백신효율을 증가시킬 수 있는 물질을 찾아내고 궁극적으로는 상용화될 수 있는 백신 개발을 계획하고 있다.

4. (식품 및 의약품의) 기능 연구 (응용 및 융합 기술)

식품과 의약품에 포함되어 있는 (1) 특정 타깃 물질이 암세포 또는 면역 세포에 어떤 영향을 미치는지 연구하고, 나아가 (2) 경제동물에서 중요한 의미를 가지는 항생제 대체에 관한 연구에도 주목하고 있다.

5. 세포치료 (응용 및 융합 기술)

세포를 이용한 면역조절연구와 면역기억세포immune memory cell에 관한 연구를 통해 세포치료제를 개발하는 것이 최종 목표이다. 특히 수지상세포cross-presentation등의 항원제시세포와 자연살해세포natural killer cell 및 lymphocytesCAR-T를 이용한 세포치료에 관심을 가지고 있다.

내용 요약

1부 조화로운 생명

제이슨, 밥, 린다와 메러디스를 인터뷰 형식으로 면역질환 사례자로 소개하면서 대략적인 우리 몸 면역시스템 메커니즘과 비정상적인 면역시스템 작동으로 생기는 병을 기술합니다.

2부 면역계와 생명의 축제

면역계를 구성하고 있는 주요한 장기인 비장과 림프절의 발견을 소개하면서 면역학 연구의 역사를 이야기합니다. 능동면역계에서 핵심적인 역할을 수행하는 B세포와 T세포의 작동원리를 관련 연구과정을 소개하며 쉽게 풀어냅니다. 핵심 작동기전을 설명한 후에 우리 생활에서 겪을 수 있는 면역과정인 백신, 이식술, 염증, 열 등 우리 몸의 자가방어를 소개하는데요. 라틴어를 기반으로 하는 생물학 전공 용어들의 뜻풀이를 함께하여 낯선 용어의 이해를 돕습니다.

3부 밥

레트로바이러스의 일종인 에이즈 바이러스를 소개하면서 인류가 바이러스성 면역파괴질환에 대응하고 있는 현황과 연구노력을 소개합니다. 또한 같은 레트로바이러스면서 가장 강력했던 전염병계의 거인, 흑사병을 소개하는데요. 그 내용은 다음과 같습니다.

"한때 14세기 전 세계의 절반이나 되는 수백만 명의 목숨을 앗아갔다. (…) 그것은 사이토카인 폭풍이었습니다. 사람들은 반응을 감당할 수 없어 죽어간 것이었습니다."

2부에서 이야기한 골수세포와 가슴샘세포를 돕는 CD4, CD8(도움T세포)을 파괴하는 새로운 레트로 바이러스를 소개합니다. 인간을 위협하는 바이러스 주요 감염경로라고 알려져 있는 불안전한 성관계에 대한 사회적 오해로 빚어진 일부 성 소수자에 대한 탄압 그리고 성 소수자의 인권운동을 소개합니다.

4부 린다와 메러디스

자가면역에 대한 내용을 다루고 있습니다. 중세에 유행하여 현대까지도 영화 소재로 쓰이는 등 많은 인기를 얻고 있는 늑대 인간 괴담은 자가면역질환을 이해하는 과정에서 비롯되었습니다. 병원균의 침입으로만 질병이 생긴다고 믿어왔기에 자기 몸을 자기가 공격한다는 것을 받아들이기 어려웠죠. 류머티즘성 관절염과 루푸스 등 질병을 소개하면서 자가면역을 소개합니다. 메러디스의 병환은 자가면역질환 중 신경계에 관련한 길랭-바레 증후군의 대표적인 사례입니다. 또한 최근 여러 대학입시와 약학대학 면접시험에서도 다루고 있는 마이크로바이옴을 설명하고 있습니다. 장내 미생물 환경을 조작하여 아토피 등 그동안 치료에 난항을 겪었던 질병을 치료할 수 있는 가능성을 제시했습니다. 수면과 스트레스의 질병에 미치는 영향과 의료기술로써의 활용가능성도 제시하고 있습니다.

5부 제이슨

5부에서는 세포의 숙명인 세포분열과 그로 인해 생기는 현상인 상처의 치유, 종양의 발생을 설명합니다. 종양학에서는 암을 이렇게 설명합니다. "우리 몸을 유지하기 위해서는 끊임없이 움직이고 나뉘어야 한다. 그 필수불가결한 과정의 변이가 암이다."라고 말입니다. 이 말에서 우리는 암을 우리의 일생으로 바라보는 시각을 가질 수 있습니다. 암의 생성 기작을 정확하게 바라보아야 치료의 길이 열리니까요.

6부 귀향

"생리학적 관점에서 보면, 유전자 풀이 광범위할수록, 밥처럼 전염병에서 살아남아 종을 구원할 사람이 나타날 가능성이 높아진다."

이질집단과의 교배가 그 종의 생존에 어떤 영향을 미치는지 바로 와 닿는 문장입니다. 이 책의 6부에서는 제이슨의 투병과 퇴원을 다루며 마지막으로 면역계가 중추신경계에 미치는 영향을 설명하고 책을 마무리합니다.

이 책의 마지막 구절의 "우리는 한 배를 타고 있다."라는 문장에서 면역계는 우리를 지켜주는 역할처럼 보일 때도 있지만 그 본질은 반드시 '나를 위한 것은 아니다'라는 생각을 하게 됩니다.

김정혜 선생님의 도서 활용방안

최근, 정체를 알 수 없는 바이러스에 맞서는 시대를 살아가며 여러 생물체의 면역계에 대해 연구하는 '면역학immunology'에 대한 관심이 높아지고 있습니다. 면역이란 단순히 병균과 바이러스 등을 죽이는 것을 넘어서서, 면역시스템 자체라고 할 수 있습니다.

『우아한 방어』는 의학적 전문지식이 없는 학생들도 잘 이해할 수 있도록 면역학은 무엇이며 어떻게 발전해 왔는지에 대해 친절하게 설명하고 있는 책입니다.

저자 맷 릭텔Matt Richtel은 2010년 퓰리처상 보도 부문 수상 작가이기도 합니다. 질병에 맞서는 우리 몸의 '우아한 방어' 시스템이 궁금한 학생들에게 추천합니다.

이희진 선생님의 도서 활용방안

우리는 Covid-19 대유행 사태를 겪으며 '전염병'에 대한 이해가 나의 생존과 직결되어 있다는 것을 깨달았습니다. 전염병과 바이러스에 대한 이해는 더 이상 의료 분야 종사자만 필요한 것이 아닙니다. 인류는 신종 전염병의 위협에 노출되어 있으며, 이는 새로운 세대가 당면하고 있는 전 인류적 문제라고 할 수 있습니다.

결국 전염병에 대한 이해는 미래 세대인 학생들에게 꼭 필요한 지식의 범주에 든다고 하겠습니다.

전염병을 이해하기 위해서는 우리 몸의 방어 기제인 '면역'에 대한 이해가 필수적입니다.

작가 맷 리텔은 14세기 전 세계의 절반이나 되는 수백만 명의 목숨을 앗아간 페스트와 강한 면역 반응인 사이토카인과의 관련성에 주목합니다. 면역이란 우리 몸을 질병으로부터 방어하는 기제인데, 왜 많은 이들이 이 면역 기제의 작동 때문에 죽게 되었을까요.

갑자기 면역 질환을 겪게 된 환자들에 대한 맷 리텔의 인터뷰 내용을 검토해 보는 것에서 시작하여, 면역학 연구의 역사와, 인류를 위협했던 레트로바이러스들의 유행 양상에 대해 알아보는 것은 '면역과 전염병'의 양면성을 지닌 관계를 이해하는 데 도움이 될 것입니다. 또한 전염병은 아니지만 류머티즘, 루푸스, 알츠하이머 등과 같은 자가면역 질환에 대한 이해 역시 면역 기제가 우리 몸을 방어하기도 하지만 우리 몸을 스스로 공격하는 양면성을 지니고 있다는 것에 대한 명쾌한 이해를 제공합니다.

인류가 당면하고 있는 의학 과제는 '면역' 기제의 이해를 관통해야 그 해결과 가까워집니다. 에이즈, 암과 같은 질병도 '면역'과 관련이 있으며, 현대 의학의 역사는 면역학의 역사와 함께라고 해도 과언이 아닙니다.

장차 의학·의료나 건강 관련 분야에서 일하기를 희망하는 학생은 이 책에서 면역학과 관련된 기초 탐구를 위한 키워드들을 발견하고, 면역

우산이 있다고 해서 비가 나를 피해가지는 않는다. 돌풍이 불면 우산의 각도를 수시로 조절해야한다. 그렇지 않으면 젖는 것은 나의 몫이다. 면역체계도 이와 같다.

학에 대한 최신 트렌드를 읽을 기회를 얻을 것입니다. 가령 이 책 4부에서 다루고 있는 '마이크로바이옴'은 대학 및 약학대학 면접에서 다뤄지는 논제이기도 합니다.

독후감

면역계라는 말을 들었을 때, 어떤 생각이 드나요? 우리 몸이 아프지 않게 지켜주는 보디가드 같은 존재일까요? 생명과학을 공부해 본 사람이라면 면역계는 '목줄 풀린 개'라고 일컫곤 합니다. 무언가로부터 우리 집을 방어하지만 사실은 그 방어과정 자체가 공격이며, 때로는 주인도 물어버리는 개입니다.

『우아한 방어』에서는 우리 집을 지키고 있던 개가 나를 물어뜯는 현상을 겪는 사람들, 그리고 집에서 나오지 않아 도둑이 들어도 잠자코 엎드려 있는 개를 키우는 사람들을 인터뷰합니다. 이 책을 막힘없이 이해하기 위해서는 조금 더 전문화된 지식이 필요하지만, 완벽히 이해하지 않더라도 책을 읽기에는 무리가 없습니다. 생물학에서는 관찰되고 정량화되어 기록된 정상적인 현상이 있습니다. 그것을 '생명현상'이라고 하지요. 그 메커니즘이 깨어졌을 때 그것을 '병'이라고 합니다. 우리는 이 책을 읽으면서 무엇을 느껴야 할까요? 바로 어떤 생명현상을 책을 통해 소개받고 그 기작이 제대로 이루어지지 않았을 때 병을 겪을 수 있다고 이해하면 됩니다.

책을 읽어보니 어떠셨나요? 폭탄을 안고 살아가는 것 같지요? 책에서 언급된 면역세포 중 자연살상세포Natural Killer Cells를 예로 들어봅시다. 이 세포는 우리 몸의 경찰관 같은 존재입니다. 매일 우리 몸에 존재하는 모든 세포가 가지고 있는 식별장치(ID카드 같은)를 점검하고 신분증을 가지고 있지 않은 세포는 그 자리에서 즉시 사살(녹여버리는)하죠. 병원균이 침입하는 즉시 방어하는 고마운 세포입니다. 하지만 이 세포가 신분증을 확인하지 않고 그저 붙잡히는 것을 모두 사살한다면? 그것이 하필 신경세포라면? 우리는 우리가 느낄 수 있는 가장 큰 고통을 느끼며 죽어갈 것입니다. 참 무섭지 않나요? 면역이라는 것이 말이에요.

책을 읽으면서 정말 다양한 감염질환과 면역질환이 있다는 것을 알게 됩니다. 면역에 관한 최신 트렌드와 면역학의 다양한 적용, 발전 가능성에 대해서도 알 수 있죠. 하지만 우리는 이 책을 읽고 나서 '단순히 신기하고 어려운 내용을 알게 되었다'라며 책을 덮어서는 안 됩니다. 이 책을 읽고 나서 우리는 그동안 학교에서 배운, 철저하게 우리 몸의 관점에서 서술된 면역학에서 더 나아가, 앞이 보이지 않는 시각장애인같이 신호에 의존하여 생물학의 절대적 메커니즘을 따르는 기계적 면역학으로 시야를 넓혀야 합니다.

의학은 생물학과는 다릅니다. 생명과학은 정해진 메커니즘을 배우고 그것을 응용합니다. 반면, 비정상적인 메커니즘과 결핍 요소를 채우는 기술을 배우는 것이 바로 의학이죠. 의학을 공부하기 전 교과서에 박힌 우리의 시야를 넓혀줄 수 있는 도서, 맷 릭텔의 『우아한 방어』였습니다.

김정혜 선생님의 독후활동 평가

면역계는 우리 몸의 방어막이자 우리를 해치는 적이 될 수 있는 양날의 검이라 할 수 있습니다. 이 독후감은 면역 체계Immune system에 대한 심도 있는 이해를 바탕으로 면역계가 왜 '우아한 방어An Elegant Defense'인지에 대한 감상을 잘 서술하였습니다.

이희진 선생님의 독후활동 평가

이 독후감에는 그간 우리의 '면역'에 대한 이해가 우리 몸을 질병으로부터 방어하는 데 초점이 있었으며, 그것은 다소 교과서적이라는 점을 지적하고 있습니다. 이는 우리가 '면역'에 대해 단편적으로 이해하고 있었다는 것을 의미합니다. 우리는 질병에 대항하여 우리 몸의 면역 기제가 작동하지 않을 것을 우려하지만, 그만큼 위험한 것은 과다한 면역 반응으로 인해 면역 메커니즘이 우리 스스로를 공격하는 경우라는 것입니다.

면역 메커니즘이 지닌 양면성을 이해하고, 나아가 면역 메커니즘이 질병에 대항할 때 비정상적으로 작동하는 원인을 밝히며, 질병 치료의 방안을 제시하는 것이 의학의 과제라는 점을 이 독후감은 간파하고 있습니다. 이 지점을 이해하는 것이 의학 공부를 시작하는 사람들에게는 의학을 공부하는 탐구 과제의 한 출발점이 될 수 있을 것입니다.

보건의료사를 통해 사회의학을 본다 『제국과 건강』

제국과 건강 : 보건의료의 정치경제와 사회의학의 미래
하워드 웨이츠킨 저 / 정웅기, 김청아 역 | 나름북스 | 2019. 10.

핵심구절

“신자유주의적 정치경제 정책들이 공공 부분이 제공하는 보건의료 서비스에 미친 영향과 이러한 서비스의 민영화 과정, 국제적 보건 의료 상품 및 건강보험 시장에 대한 다국적 기업의 침투와 관련된 초국적 자본가계급의 등장, 경제적 세계화가 국민국가에 끼친 영향, 그리고 그 결과로서 공중보건 운영에서 국가가 주권을 상실하게 되는 과정을 설명한다.”

“신자유주의와 민영화의 대안을 추구하는 사회운동은 대중에게 스스로가 존엄한 존재라는 자각을 불러일으켰다. (…) 우리에게 주어진 과제는 이러한 대항 패권적 공간들을 더 폭넓은 사회적 변화로 확장할 수 있는 사회운동 전략을 발전시키는 것이다."

신자유주의라는 이름으로 진행되는 세계화 과정 속에서, 숨겨져 있는 자본의 침투로 인해 발생하는 문제점을 인식하게 만드는 구절이다. 동시에 사회운동, 보건도시 만들기 등 다양한 반대작용들이 존재한다는 점을 알려줌으로써 경쟁과 발전이 혼합되어 있는 세상의 현실을 그리고 있다.

의생명 분야 연결

✖ 서울대학교 뇌과학협동과정 소개

현재 본 과정에는 자연과학대학의 생명과학부, 화학부, 물리 · 천문학부, 뇌인지과학과 의과대학의 신경과, 신경정신과, 신경외과, 이비인후과, 사회과학대학의 심리학과, 약학대학 약학과, 융합과학기술대학원의 분자의학 및 바이오제약학과, 공과대학 컴퓨터공학부, 기계항공공학부, 치의학대학원의 치의학과 등 7개 대학의 다양한 분야를 연구하는 40여 명 남짓한 교수진이 겸임으로 재직하고 있습니다.

분자생물학, 컴퓨터공학, 신경과학 등의 다양한 학부배경을 가진 학생들이 미지의 세계인 뇌과학에 폭넓은 분야의 학문을 탐구하고자 모여, 인간의 고등정신기능을 조절하는 사령탑인 뇌를 연구하고, 뇌신경계의 메커니즘에 대한 이해를 통해 궁극적으로 인간의 정체성과 본질

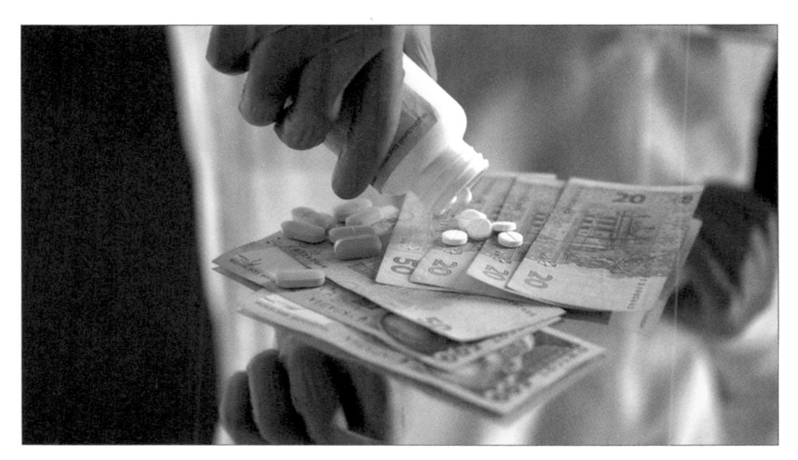

국민건강보험이 없는 대다수의 국가에서는 부유층이 아니라면 의료혜택을 받지 못한다.

을 제시하고자 하는 목표를 위하여 각 관심별로 신경생리학연구실, 신경세포연구실, 인공지능 연구실, 뇌기능영상화 연구실, 유전공학 연구실, 객체지향 연구실 등에서 활발히 연구 중입니다.

내용 요약

1부 제국의 과거

제국과 건강을 연결하는 역사적 패턴을 설명하면서 이후 분석을 위한 전반적인 개념을 제시합니다. 먼저 저자는 제국을 일국의 국경을 넘어서는 경제활동의 확대(특히 투자, 판매, 원자재 채취, 상품 및 서비스 생산 노동력의 이용)와 이러한 확대가 야기하는 사회적이고 정치경제적인 효과로 간단히 정의합니다. 공중보건과 보건의료 서비스는 과거 제국의 여러 발전 국면에서 중요한 역할을 수행하였는데 제국과 이 분야의 연계는 자선 재단, 국제금융기관, 무역협정을 시행하는 국제기구, 그리고 국제보건기구를 포함한 구체적인 제도들을 통해 작동되었다고 합니다.

다음으로 저자는 제국과 보건의료에 기틀을 잡은 학자들에 대해서 소개합니다. 저자는 프리드리히 엥겔스, 루돌프 피르호, 살바도르 아옌데, 이 세 명은 자본주의와 제국하에서 질병의 사회적 기원을 이해하는데 주요한 업적을 쌓았다고 보았습니다. 이들은 모두 질병을 유발하는 사회적 조건의 원인으로서 정치경제적 체계의 중요성을 강조했으며, 엥겔스와 피르호는 건강에 미치는 정치경제적 조건의 효과를 분석했는데 이러한 분석은 필연적으로 사회의학적 관점을 창출하는 것이었다고 합니다. 아옌데의 경우 제국과 저개발 문제에 초점을 맞추었는데, 이는 라틴아메리카와 다른 개발도상국들에서 건강 상태를 개선하는 정치경제적 변화를 달성하기 위한 시도들에 심대한 영향을 끼쳤다고 합니다.

다음으로 저자는 '자신이 제국의 과거'라고 부르는 기간 동안, 선진 자본주의국가들과 개발도상국 모두에서 보건의료의 재정적 부담이 주요한 관심사가 되었다고 보았고 이를 미국 내의 관상동맥 집중 치료실의 확산 사례를 통해 설명합니다. 환자의 가슴과 심전도 장치에 부착된 전극을 통해 심장박동을 지속해서 전자 모니터링하는 관상동맥 집중 치료실Coronary Care Units, CCU 효과성을 입증하는 대조 연구가 미흡했음에도 확대 요구가 많았고, 이에 대한 미국 정부와 민간 재단의 지원도 늘어 전체 병원 대비 관상동맥 집중 치료실 비율이 1967년 24.3퍼센트에서 1974년 33.8퍼센트로 증가하였다고 합니다. 가격도 비싸고, 효과도 입증되지 않았던 CCU가 미국 내에 증가한 이유는 자본주의의 팽창하는 성질과 관련이 있습니다.

의료의 생산 부문이 자본주의의 팽창 방식으로 이해되는 경우는 드물지만 관상동맥 집중 치료의 경우 예외였습니다. 기업, 대학병원, 민간자선재단, 국가, 그리고 보건의료의 인력이라는 정치경제 이해관계자가 모두 연관되어 있었기 때문입니다. 이에 따라 집중 치료 기술이 과잉 생산되는 데 반해, 수많은 사람들이 필요로 하는 단순하고 기초적인 의료 서비스에 접근하지 못하게 되었다고 합니다.

마지막으로 저자는 의료 영역 내에서 일어나는 변화는 의료와 공중보건 부문이 속한 사회에 영향을 받는다고 보며, 칠레와 쿠바의 사례를 소개합니다. 두 나라는 경제적 저발전과 종속에 시달렸다는 점에서 공통점을 보였습니다. 그 결과 칠레와 쿠바에서는 보건복지 프로그램의 효과가 빈곤과 제국주의로 인해 제한적이었다고 합니다. 두 국가의 의료시스템의 변화는 정치적인 개혁에 의해서 촉발되었습니다.

칠레의 경우 1973년 군사쿠테타가 발생하면서 사회시스템이 무너졌으며, 쿠바의 경우 1959년 혁명을 통해 국가권력을 공고화하는데 성공하였다고 합니다. 국가의 사회 시스템이 무너진 칠레에서는 보건의료 부문의 개혁이 실시되지 못한 반면, 국가 통제권을 획득한 쿠바 정부는 보건의료의 전반적인 분야에서의 개혁을 이루어 낼 수 있었습니다.

쿠바의 수도 하바나 정부청사 전경, 쿠바 혁명의 주역인 체 게바라가 장식되어 있다.

저자는 제국의 과거에서 나타난 칠레와 쿠바의 상반된 역사는 사회의 발달 수준과 관계없이 적용되는 교훈을 주었다고 보았습니다.

이는 첫째, 보건의료는 한 국가의 정치경제 체계와 불가분하게 연관된다고 보았습니다. 둘째, 보건의료 체계 내부의 문제들은 사회의 더 큰 모순들로부터 생겨나는 동시에 이를 강화한다고 보았습니다. 셋째, 사회의 근본적 변화가 없다면 보건의료 체계의 점진적이고 지속적인 효과를 가지기 어렵다고 보았습니다.

2부 제국의 현재

저자는 신자유주의가 등장하면서 세계화와 국민국가가 서로 무관하지 않다는 점을 보여주었고, 이러한 관계 변화는 전 세계적인 의료와 공중보건의 재구성에 결정적인 영향을 미쳤다고 보았습니다. 신자유주의는 국가의 역할을 시장 활동을 보호하는 것으로 간주하는 반면, 중앙 집권적 계획과 의료 및 공중보건을 포함한 공공서비스 공급에 관한 국가의 역할에는 반대하였습니다. 이러한 신자유주의를 따르는 학파들은 정부의 공공부문의 실패를 언급하며 개혁을 수행하는 데 있어서 민간 부문의 우월성을 강조한다고 합니다.

이에 저자는 '제국'하에서는 주권의 상실과 공중보건과 공공 부문 일반을 규제하는 국가의 국민 역량이 쇠퇴한다고 보며 신자유주의를 경계하였습니다. 저자는 신자유주의가 건강과 보건의료 서비스에 영향력을 행사하는 분야 가운데 국제무역협정보다 영향을 많이 준 것은 없다고 보았습니다. 1980년 이후에 등장한 이러한 협정들은 대중의 건강을 지키고 자국의 의료서비스를 온전한 상태로 보호하려는 국민국가의 주권을 근본적으로 변화시켰기 때문입니다.

국제무역협정은 환경, 작업장, 식품, 물, 의약품 이용과 보건의료 서비스 자체에 대한 통제와 같은 영역에서 자국민의 건강을 돌보고 보호하는 정부의 능력을 변화시키는 방식으로 의료와 공중보건에 영향을 미쳤다고 합니다. 이처럼 신자유주의의 등장은 보건의료 시스템의 근본적인 변화를 야기하였습니다.

저자는 국제무역협정이 더욱 일반적인 '거시경제' 정책이라는 맥락에서 영향력을 행사했는데, 이러한 정책들은 의료와 공중보건 부문에서도 제국을 강화하였다고 보았습니다. 세계은행에서 1993년 '보건의료에 대한 투자'라는 제목이 붙은 세계 발전 보고서는 이러한 제국의 정책 방향성을 보여주고 있다고 합니다.

여기서 '보건의료에 대한 투자'는 이중적인 의미를 가지고 있습니다. 하나는 노동자의 건강과 생산성의 증진을 목적으로 한 보건의료에 대한 투자이며 다른 하나는 보건의료 부문에서 사적 이윤을 얻기 위한 수단으로써 자본에 대한 투자입니다. 저자는 보고서가 질병을 빈곤의 핵심적 결정요인이라고 단언하면서, 보건의료 증진을 위한 투자가 경제 발전의 핵심 전략을 구성한다고 주장하는 것에 대해 비판합니다. 이는 보고서가 계급적 위계, 소득 및 부의 불평등, 인종차별과 같은 질병의 사회적 결정요인을 강조하지 않는, 인간의 권리로서 건강 자체에 대한 중요성을 감소시켰기 때문입니다.

한편 저자는 이윤율 저하라는 제약과 새로운 국제시장을 개척하려는 동기는 관리의료 분야에서 매우 뚜렷해졌다고 보았습니다. 고도의 기술을 요하는 상품들을 판매했던 이전의 기업들과 마찬가지로, 관료의료 서비스를 판매했던 기업들 또한 자신들의 모순을 해결하는 하나의 방편으로 내수시장에서 국제시장으로 눈을 돌리게 된 것입니다. 기업들은 다른 영리보험의 형태와 차별화된 핵심적인 조직 형태로 관리의료를 수출했는데, 이는 관리의료가 미국에서 보건의료 조직의 지배 혁신이 되었을 뿐 아니라 건강보험을 제공하는 영리단체의 가장 수익성 있는 프레임으로 대두했기 때문입니다. 이들은 처음에는 유럽에 진출하지만 국가들의 공공 부문 프로그램의 인기로 인해 실패하였으며 라틴아메리카 시장으로 눈을 돌렸고 막대한 이익을 거두었다고 합니다.

한편 관리의료의 수출은 여러 저항에 직면하였는데, 노동조합, 전문가 단체, 교사, 그리고 원주민과 지역단체들의 연합으로 구성된 연합세력과 다퉈야 했다고 합니다. 브라질과 에콰도르에서는 격렬한 저항에 부딪쳤지만 공공서비스의 민영화가 진행되어 왔던 아르헨티나, 칠레, 콜롬비아와 같은 나라에서는 저항이 덜했다고 합니다.

신자유주의 정책들에 대한 하나의 상징으로써 관리의료에 대한 투쟁은 제국의 현재가 끝날 때까지 지속되었다고 합니다. 저자는 이러한 신자유주의 정책이 어떻게 대중의 고통과 분노를 발생시켰는지에 대해 이해하기 위해 브라질과 멕시코에서 다국적기업과 국제금융기관이 어떻게 서로 협력했는지에 대해서 보여주었습니다. 국제금융기관은 핵심적인 보건의료 및 사회보장에 대한 개혁을 요구하는 방식으로 해당 국가의 사회정책에 개입했으며 이러한 정책은 국제보건기구의 프로그램에 영향을 미쳤다고 합니다.

그리고 이러한 프로그램들은 국제 공중 보건 사업과 해당 국가에 대한 직접적인 보건의료 서비스 공급에서 민간 다국적 기업들에 중요한 역할을 부여했다고 합니다. 정책에 핵심 역할을 수행한 다국적 기업들은 관리의료를 해당 국가에 들여왔고 이들의 보건의료와 공중보건 프로그램에 악영향을 끼쳤습니다. 이전과 달리 취약한 환자 집단은 보건의료 서비스 이용에 제한을 받았으며, 본인 부담금이 막대하게 늘어나면서 공공 의료 기관에 부담이 가중되었다고 합니다. 이에 두 국가에서 관리의료에 대항하는 연합체를 구성하기도 했지만 이러한 신자유주의 모델을 저지하려는 격렬한 시도들은 결국 실패로 끝났다고 합니다.

저자는 신자유주의 제국의 보건의료에 대한 정책으로 라틴아메리카의 사회의학을 제시합니다. 그는 이 사회의학이 제국 이후의 시대라는 더 건강한 미래로 나아가기 위한 전략일 뿐 아니라 제국, 공중보건, 보건의료 서비스 간의 연결고리를 이룬다고 보았습니다.

이 분야는 연구, 교육, 임상, 그리고 변혁운동 모두를 아우른다고 합니다. 저자는 이 사회의학이 학술적, 실천적 작업에 관한 하나의 모델을 제공하며 이것이 제국의 쇠퇴와 함께 모든 사람이 좀 더 건강해지는 세계로의 이행을 위한 유용한 버전을 제시한다고 주장했습니다. 특히, 건강문제의 사회적이고 역사적인 배경에 대한 관심, 경제적 생산관계와 사회적 인과성에 대한 강조, 그리고 연구와 교육을 정치적 실천과 연계하는 관점은 우리 시대의 가장 중요한 문제에 대한 혁신적인 접근 방식을 제공한다고 하였습니다.

전 세계적으로 의료와 공중보건이 커다란 전환기에 진입하면서 라틴아메리카 사회의학이 다뤄 온 주제와 연구 성과들은 미래에 대한 상당한 대안을 제시하고 있다고 본 것입니다.

목진덕 선생님의 도서 활용방안

의료서비스에 대한 열망은 시대와 공간을 초월한 인간의 기본적인 욕구입니다. 히포크라테스의 숭고한 서약으로 시작한 의료인의 삶은 자본주의나 사회주의 체제하와 동서고금을 막론하고 정치 경제적인 상황과 맞닿아있음을 일깨워주는 책입니다. 의료인으로 삶을 생각하는 사람이나 그 서비스를 받아야 하는 우리에게 의료계의 산업적, 정치적, 사회적인 모습을 객관적으로 보게 해주는 책입니다.

한편으로는 정치 경제적인 논리에 좌우되는 것과 별개로 의료, 그 본질적인 면을 생각해 보게 하는 책입니다. 의료사회학과 같은 그런 학문의 경계를 떠나 인간의 본질적인 상향평준화를 가져오는 하나의 중요한 자리매김을 하는 것을 알려줍니다. 우리가 의료보장을 왜 꿈꾸는지, 코로나바이러스 19의 위력 앞에 사회경제적 상황이 얼마나 급변할 수 있는지 보여주고 있습니다. 건강이 어떻게 우리의 삶과 사회를 바꿀 수 있는지도 설명하고 있습니다.

이명희 선생님의 도서 활용방안

요즘 COVID-19의 영향으로 그 어느 때보다 건강과 보건의료 시스템에 관한 관심이 높아진 시기입니다. 태어나고 죽는 것은 누구나 자연스럽게 겪는 과정이라고 생각해온 우리에게, 건강은 단순히 개인의 문제가 아니라 정치경제와의 역학관계에 놓여 있음을 이야기하고 있습니다.

팬데믹 상태에 놓여 있는 현재의 상황에서 한국의 경우 이번 COVID-19에 대한 대처능력을 통해 공공보건과 보건 의료 서비스에서 세계적인 인정을 받고 있지만 이 또한 전 세계 경제 생산 관계와 사회적 인과성이 연계되었을 때는 어떤 결과를 가져올지 짐작할 수 없음을 보여주고 있습니다. 의학 관련 진로나 정치, 경제, 혹은 외교에 관심이 있는 학생들이 읽어보면 좋을 책입니다.

독후감

한 통계에 의하면 2018년 한 해 동안 한국에서 10만 4천여 명이 일하다가 다치거나, 질병에 걸리거나 죽었다고 합니다. 또한 지난 30년 동안 해마다 평균 2천여 명이 일하는 중 목숨을 잃었다고 합니다. 현재 한국의 노동자들은 일터에서 일을 하는 것이 아니라, 목숨을 걸고 싸우고 있는 셈입니다. 사람이 태어나서 병들고 죽는 것은 자연스러운 과정임은 부정할 수 없지만 그 과정을 자세히 들여다보면 자연스럽지만은 않은 많은 요소들을 발견할 수 있습니다. 우리는 태어나고 병들어 가는 과정에서 사회경제적 그리고 정치적 구조에 영향을 받기 때문입니다.

이 책은 보건의료와 건강이 기본권의 영역이면서도, 자본의 이윤 추구 장소라는 점을 강조합니다. 이러한 자본 이윤 추구 성향은 '제국의 현재'인 신자유주의 시대 때 본격화되었다고 합니다. 신자유주의가 도입된 1980년대 초반에 공공 부문 민영화, 개별 국가의 주권을 제약하는 국제무역협정, 보건의료를 시장화하는 거시경제정책, 다국적기업과 국제금융자본의 개입 등을 통해 보건의료 부문의 전 세계적 재편이 단행되었습니다.

저자는 이러한 움직임에 의해서 자국의 의료서비스를 온전한 상태로 보호하려는 국민국가의 주권을 근본적으로 변화시켰다고 보았습니다. 보건의료 서비스 자체에 대한 통제와 자국민의 건강을 보호하는 정부 역량을 제한하는 방식으로 의료와 공중보건에 영향을 미친 것입니다.

정치권력과 경제적 이익 관계가 밀접하게 얽힌 신자유주의 구조는 눈에 잘 보이지는 않지만 정부의 보건의료 정책에 큰 영향을 미치고 있습니다. 따라서 그 구조를 파악하고 문제를 개선하는 것은 매우 중요한 일입니다.

한국의 경우, 선진국의 반열에 올라선 지 수십 년이 지났고 공공보건과 보건의료 서비스에 뛰어난 성과를 보이고 있지만 여전히 수많은 노동자들이 일터에서 죽어갑니다. 1988년 고 문송면 군이 16세의 나이로 온도계를 만드는 공장에서 수은중독으로 사망한 지 30년이 지난 2020년에도 여전히 노동환경은 개선되지 않고 있습니다. 한국 또한 신자유주의의 물결을 피할 수 없었던 것입니다.

이러한 문제를 개선하기 위해서는 저자가 개인의 죽음이나 질병이 전혀 개인적이지 않으며 원인을 사회적 맥락에서 찾아봐야 한다는 주장을 되새겨야 한다고 생각합니다. 우리 노동자들의 죽음을 규제완화, 민영화처럼 정치사회적 구조 속에서 살펴보아야 한다는 것입니다. 이러한 노동자들의 죽음이 헛되지 않게 하기 위해서는 개개인 모두가 적극적으로 정부에 대한 감시하고 보건 부분의 민영화를 경계해야 한다고 생각합니다.

목진덕 선생님의 독후활동 평가

책을 쓴 목적과 의도를 잘 파악하여 쓴 독후감입니다. 영리의료기관의 이슈를 법으로 사회적으로 저지하고 있지만, 현실은 녹록지 않습니다. 이상과 많은 괴리를 보이는 것도 사실입니다. 또한 조건 없는 공영화만이 답이 아니고 또 산업적인 측면으로만 의료를 바라보는 것에 대한 시각도 가지고 있습니다.

산업 안전 보건 관리의 문제를 제시하고 있습니다. 무소불위의 논리도 인간의 존엄성을 해할 수 없다는 근본적인 물음을 줍니다. 인간이 부를 추구하면서도 인류에 대해서 공존의 가치로써 의료를 바라봅니다. 사회적인 목적에 따라 의료가 이용되고 있는 현실과 유토피아를 꿈꾸는 현실의 차이는 분명 존재할 것입니다.

의료인들이 많은 공부와 노력으로 직업을 선택하고 그에 따른 보상을 받고 싶어 하는 부분과 또 한편으로는 공영화에 대해 생각할 점입니다. 4차 산업혁명과 인공지능을 통한 산업의 개편으로 의료의 급격한 변화 그리고 세계화를 통한 전염병의 급격한 유형에 따른 사회문화의 변화들도 생각해 보았으면 합니다.

이명희 선생님의 독후활동 평가

보건의료가 인간의 기본권임을 잘 알고 있으며 이러한 기본권이 정치 경제의 거대한 벽 앞에서 무너지는 현실의 대안인 것으로 보고 있습니다. 정치 사회적 구조를 살펴보고 그 해답이 의료 민영화에 있다는 자신의 주장을 잘 개진하고 있는 AFTER Reading 활동입니다. 자신의 논지를 좀 더 발전시켜 정책제안서를 만들어 보는 것도 좋을 것 같습니다.

뇌과학으로 언어학을 본다
『이야기의 탄생』

이야기의 탄생 : 뇌과학으로 풀어내는 매혹적인 스토리의 원칙
윌 스토 저 / 문희경 역 | 흐름출판 | 2020. 05.

핵심구절

“핵심은 신경망에 있다. 이야기는 뇌의 여러 진화 체계에 작용하는데, 유능한 작가는 오케스트라의 지휘자처럼 이런 신경망을 모두 발화시킨다. 여기에서는 도덕적 격분으로 떨리는 음을 조금 내고, 저기에서는 지위 게임의 팡파르를 울리고, 부족을 식별하는 방울소리와 우르릉거리며 위협적인 적대자의 소리를 내고, 위트의 나팔을 불고, 성적 매력을 드러내는 뱃고동 소리를 울리고, 부당한 골칫거리를 크레센도로 올리고, 씨실과 날실의 허밍을 하면서 새롭고 흥미로운 방식으로 극적 질문을 던지고 또 던진다. 한마디로 독자의 뇌를 사로잡고 조작할 수 있는 악기를 총동원하는 것이다.”

이야기는 신문과 법정, 스포츠 경기장, 정부 회의실, 학교 운동장, 컴퓨터게임, 노랫말, 사적인 생각과 공적인 대화, 백일몽과 꿈을 채운다. 어디에나 이야기가 있다. 이야기가 곧 우리다. 결국 우리들이 하는 이야기를 통해 우리의 심리와 행동을 이해하고 또 예측할 수 있다.

의생명 분야 연결

✖ 서울대학교 뇌과학 협동과정 소개

현재 본 과정에는 자연과학대학의 생명과학부, 화학부, 물리 · 천문학부, 뇌인지과학과 의과대학의 신경과, 신경정신과, 신경외과, 이비인후과, 사회과학대학의 심리학과, 약학대학 약학과, 융합과학기술대학원의 분자의학 및 바이오제약학과, 공과대학 컴퓨터공학부, 기계항공공학부, 치의학대학원의 치의학과 등 7개 대학의 다양한 분야를 연구하는 40명 남짓한 교수진이 겸임으로 재직하고 있습니다.

분자생물학, 컴퓨터공학, 신경과학 등의 다양한 학부배경을 가진 학생들이 미지의 세계인 뇌과학 분야의 학문을 탐구하고자 모여, 인간의 고등정신기능을 조절하는 사령탑인 뇌를 연구하고, 뇌신경계의 메커니즘에 대한 이해를 통해 궁극적으로 인간의 정체성과 본질을 제시하고자 하는 목표를 위하여 각 관심별로 신경생리학 연구실, 신경세포 연구실, 인공지능 연구실, 뇌기능영상화 연구실, 유전공학 연구실, 객체지향 연구실 등에서 활발히 연구 중입니다.

내용 요약

1부 만들어진 세계

현실에서 우리가 만나는 예기치 못한 변화는 대부분 전혀 중요하지 않은 일입니다. '탕' 소리는 그저 화물차 문이 닫히는 소리고, 밖에서 들려오는 목소리는 내 이름을 부르는 것이 아니라 어떤 엄마가 자기 아이를 부르는 소리일 뿐입니다. 그래서 우리는 멈췄던 몽상에 다시 빠져들고 세계는 다시 움직임과 소음으로 뒤섞입니다. 그래도 변화가 중요한 순간들이 있습니다. 그럴 때 우리는 행동합니다. 그리고 그 순간에 이야기가 시작됩니다.

실감나는 모형의 세계는 감각을 환기하는 방식으로도 구현할 수 있습니다. 촉각, 맛, 냄새, 소리를 표현할 단어를 볼 때 독자의 뇌에서 이들 감각과 연관된 신경망이 활성화되면서 감각이 재현됩니다. 시각정보와 짝을 이루는 감각정보로 구체적인 요소를 배치하면 됩니다.

판타지, SF소설에서 세계를 만들기 위해 낯선 단어들을 제시합니다. 'c-광선!', '탄호이저 게이트!' 등 우리의 뇌가 끊임없이 모형을 생성해서 만들어진 상상의 결과일 때 작가의 상상보다 더 실제처럼 느껴지게 됩니다.

긴장감을 조성하기 위해서 뇌에는 스트레스가 극에 달하는 과정을 모방해서 긴장감을 쌓아가게 해야 합니다. 가령 차가 충돌하려 할 때 뇌는 순간적으로 세계를 통제하는 능력을 끌어내야 합니다. 뇌의 처리 능력이 급격히 강화되어 주변 환경의 특징을 더 많이 알아채느라 시간이 느리게 흐르는 것처럼 느껴집니다. 작가들은 이런 식으로 시간을 늘리고 시선 도약의 순간과 세부 요소를 더해서 긴장감을 쌓고 있습니다.

좋은 이야기는 인간 조건을 탐구하고, 극의 표면에서 벌어지는 사건보다 인물에 더 집중합니다. 낯선 마음으로 떠나는 흥미진진한 여행이라 할 수 있습니다. 첫 페이지에 등장하는 인물은 결코 완벽하지 않습니다. 우리가 그 인물에게 호기심을 느끼고 극적인 싸움을 거는 것은 그 인물이 가진 성공 스토리나 매력적인 미소 따위가 아니라, 그가 가진 '결함' 때문입니다.

2부 결함 있는 자아

인간처럼 고도로 사회화되고 가축화된 존재에게는 타인 행동의 인과관계, 곧 남들이 하는 행동의 '이유'를 아는 것만큼 매력적인 경험도 드뭅니다. 하지만 이야기는 그 이상을 제공합니다. 이야기는 우리가 머릿속의 저장고 안에 갇힌 채로, 영원히 고독한 환각의 우주에 갇힌 채로 우리와 가장 가까이 있지만 끝내 도망칠 수 없는 그 세계로 들어갈 수 있게 해주는 문입니다. 이야기는 환각 속의 환각인 셈입니다.

작가는 인물의 거의 모든 행위에서, 가령 생각이나 대화, 사회적 행동, 기억, 욕구, 슬픔에서 그 인물의 성격을 보여줄 수 있습니다. 예를 들어 차가 막힐 때의 행동이나 크리스마스에 대한 생각, 벌에 보이는 반응 등으로 인물의 성격을 드러내는 식입니다. 심리학자 대니얼 네틀 교수는 이렇게 말합니다.

우리의 기억, 생각, 감정은 쉽게 변화하고 수없이 많이 수정된다.

"인간의 성격은 프랙털(임의의 한 부분이 전체의 형태와 닮은 도형)에 가깝다. 이것은 단지 사랑, 우정, 직장생활 등과 같은 폭넓은 삶의 서사에서 우리가 하게 되는 행위는 시간이 지나도 일관되게 나타나서 대체로 유사한 성공이나 실수를 되풀이한다는 뜻만은 아닙니다. 그보다는 쇼핑하거나 옷을 입거나 기차에서 낯선 사람과 담소를 나누는 등의 자잘한 상호작용에서 하는 행동이 우리의 인생 전체에도 같은 양상으로 나타난다는 뜻입니다."

성격의 힘이 강력한 만큼 우리는 단순히 내향적이거나 외향적인 사람 혹은 그 외의 어떤 사람이 아닙니다. 우리의 성격 특질은 문화적, 사회적, 경제적 환경만이 아니라 우리의 경험과도 작용해서 내면의 고유한 신경 세계를 구축합니다.

우리는 모두 허구의 인물입니다. 우리의 마음이 만든 불완전하고 편향되고 고집스러운 창작의 산물입니다. 뇌는 우리가 외부세계를 통제한다고 느끼도록, 진실이 아닌 것을 믿도록 유도합니다. 그중에서 가장 강력한 믿음은 우리의 도덕적 우월성을 강화해 주는 믿음입니다. 뇌는 우리에게 유혹적인 거짓말을 속삼임으로써 삶이라는 이야기에서 우리가 결단력 있고 용감한 주인공이 된 것처럼 느끼게 해주는 영웅 만들기 장치에 가깝습니다. 뇌는 이를 위해 우리의 과거를 교묘히 조작합니다. 우리가 기억하기로 '선택'한 내용을 쓰고, 그것을 우리의 뇌가 들려주고 싶어 하는 영웅적인 이야기에 맞게 왜곡하고 변형합니다. 한 연구에서는 참가자들이 부당하게 여기는 방식으로 익명의 사람들과 돈을 나눠 가진 후 나중에 진실을 말하면 돈을 받는데도 일관되게 자신의 이기적인 행동을 틀리게 기억하는 것으로 나타났습니다. 연구자들은 이렇게 결론지었습니다.

"사람들은 자신의 행동이 이기적이라는 생각이 들 때 더 공정하게 행동한 것으로 기억하는 방식으로 죄책감을 최소로 줄이고 자아상을 보존할 수 있다."

인물이 스스로 정당하고 우월하다고 확신하는 마음이 그에게 막강한 힘을 줍니다. 훌륭한 극은 경쟁적인 영웅 만들기 서사가 충돌하는 이야기를 중심으로 전개됩니다. 하나는 주인공의 서사이고 다른 하나는 적대자의 서사입니다. 현실에 대한 도덕적 지각은 각 서사의 주인에게 지극히 진실로 느껴지지만 양쪽이 파국적으로 대립하고 두 가지 신경 세계가 사력을 다해 싸웁니다.

모든 드라마를 이끌어가는 근본적인 질문, 곧 "나는 누구인가?"에 대한 답이 핵심입니다.

3부 극적 질문

동화는 내면의 무서운 자아를 허구의 인물로 바꿀 수 있습니다. 일단 이렇게 정의하고 객관화하면 감당할 만한 존재가 되어버립니다. 이런 인물들이 나오는 이야기는 아이에게 용기를 내서 싸우면 선한 자아가 내면의 사악한 자아를 통제하고 지배할 수 있다는 교훈을 줍니다. 물론 다면성의 개념에는 한계가 있습니다. 우리가 지킬과 하이드처럼 탈바꿈하는 것은 아닙니다. 우리에게는 중심 성격이 있고 이 성격은 문화와 생애 초기 경험에 의해 조정되며 비교적 안정적입니다. 하지만 우리는 중심 성격을 토대로 끊임없이 탄력적으로 움직입니다. 어느 순간에 드러나는 우리의 행동은 타고난 성격과 주어진 상황의 조합이라고 볼 수 있습니다.

플롯이 진행되고 깊이와 진실성, 예측 불가능성이 달라지는 사이에 인물도 새롭게 발전합니다. 조금씩, 장면마다, 인물과 플롯이 상호작용하면서 서로를 변형합니다. 인물은 플롯에서 자기가 세계를 통제하지 못한다는 사실과 마주하고 세상이 돌아가는 이치에 대한 자신의 신념을 다시 평가합니다. 소중히 간직해온 통제 이론에 의문을 제기하며, 의식 아래에서는 스스로에 대한 근본적이고 극적인 질문이 거듭됩니다.

"나는 누구인가? 이 상황을 바로잡으려면 나는 어떤 사람이 되어야 하는가?"

한 인물이 의식차원에서 어떤 것을 원하지만 잠재의식 차원에서는 전혀 다른 것을 필요로 하는 것은 특이한 일이 아닙니다. 시나리오 작가이자 스토리텔링 이론가 로버트 맥키는 이렇게 말합니다.

"가장 인상적이고 매력적인 인물은 의식 차원의 욕망만이 아니라 잠재의식 차원의 욕망도 갖는다. 이런 복합적인 인물은 잠재의식 차원의 욕구를 알아채지 못하지만, 독자나 관객은 알아채고 인물의 내적 모순을 지각한다. 다차원적인 주인공에게는 의식 차원의 욕망과 잠재의식 차원의 욕망이 모순된다. 주인공이 원한다고 믿는 것은 실제로 잠재의식에서 욕망하는 것과 반대다."

대화의 기술에 대해서 살펴봅시다. 이야기 속 시간은 압축된 시간입니다. 영화에서는 생애 전체를 약 90분 안에 전달하면서도 어느 정도 완결된 느낌을 줍니다. 이때 흥미로운 대화의 비결은 압축에 있습니다. 인물이 쓰는 단어는 진실하게 들리면서도 의미를 가득 담고 있어야 합니다. 그래야 독자의 뇌에서 인물에 관한 모형이 생성되도록 풍부한 자료를 제공할 수 있습니다. 대사에 심오한 진실이 가득 담겨 있어야 독자나 관객이 대사에서 진실을 깊이 흡수하고 고도로 사회적인 뇌를 작동시켜 인물의 마음 모형을 신속히 구현할 수 있습니다.

극적 질문은 어디에서 오는 것인지 살펴봅시다. 우리가 인생의 플롯에 따라 살아가는 사이 우리 자신의 제멋대로이고 예측 불가능하고 도움이 안 되는 측면하고만 싸우는 것은 아닙니다. 이런 욕구는 진화의 산물입니다. 따라서 이러한 욕구를 밝혀내려면 수만 년의 시간을 거슬러 올라가서 우리가 스토리텔링의 동물이 된 시기로 돌아가야 합니다. 그러면 이야기에 관한 원시적이지만 중요한 교훈, 특히 극적 질문의 기원과 목적이 밝혀질 것입니다.

반 영웅 이야기의 기술에 대해 살펴봅시다. 우리가 단순히 선한 인물을 응원한다고 생각할 수 있습니다. 하지만 사실이 아닙니다. 문학 평론가 애덤 커시는 선량함이란 '작가에게는 불모의 땅'이라고 말했습니다. 주인공이 처음부터 완벽하게 이타적인 인물이라면 더는 나올 이야기가 없습니다. 브루노 베텔하임 교수는 작가의 어려움은 주인공에 대한 독자의 도덕적 존중을 끌어내는 것이 아니라 독자의 공감을 사는 데 있다고 말합니다. 그는 동화의 심리학을 연구하면서 "아이가 선한 영웅에게 동질감을 느끼는 이유는 영웅이 선해서가 아니라 그의 처지가 아이에게 강렬하고 긍정적인 호소력을 갖기 때문이다."라고 말했습니다. 아이가 떠올리는 질문은 "나는 선해지고 싶은가?"가 아니라 "나는 누구하고 비슷해지고 싶은가?"라는 말입니다.

4부 플롯과 결말

영웅은 이타적이고 용감합니다. 영웅은 스스로 지위를 얻어냅니다. 하지만 이야기에서든 현실에서든 영웅에게는 보통의 우리가 제대로 접해 본 적 없는 결정적이고 중요한 자질이 있습니다. 그것은 우리의 가장 오래된 근본적인 욕구로, 우리가 단세포 유기체였던 시절부터 존재했을, 목표를 이루고자 하는 욕구입니다. 우리는 무언가를 원하고 그것을 얻으려고 싸웁니다. 예기치 못한 변화가 일어날 때 이불 속으로 들어가 그냥 다 사라져 버리기를 바라고 기다리지만은 않습니다. 한동안은 그럴 수도 있습니다. 하지만 어떤 시점에 이르면 분연히 일어섭니다. 변화에 직면하고 맞서 싸우게 됩니다.

변화를 끌어내는 공감의 순간에 대해 살펴봅시다. 두개골에 갇힌 환각 속에서 산다는 것은 신경과학자 크리스 프리스 교수의 말에 따르면 "세상의 중심에서 보이지 않는 배우로 존재하는 것"과 같습니다. 모든 것이 우리라는 단일한 초점으로 수렴되며 이것은 이야기가 만들어내는 환각이라 할 수 있습니다. 작가들은 인간 의식의 '복제본'을 창조합니다. 소설의 한 페이지를 읽으면 자연히 시각적 관찰에서 시작해서 말로, 생각으로, 먼 기억으로 넘어갔다가 다시 시각적 관찰로 돌아옵니다. 말하자면 우리가 소설 속 그 인물인 양 그의 의식을 경험합니다. 이때 인물의 의식에 대한 복제본이 강렬해서 우리의 의식은 뒤로 슬쩍 밀려날 수 있습니다. 실제로 이야기에 빠져든 순간에 뇌를 스캔하면 자아 감각과 연관된 영역이 억제되는 것으로 나타납니다.

이야기의 힘에 대해서 살펴봅시다. 우리는 모두 이질적인 세계에서 살아갑니다. 각자가 자신의 머릿속 검은 저장소에서 홀로 신경 영역을 배회하면서 사물을 각기 다르게 '보고' 관심을 두는 사이, 각자 다른 열정과 증오, 기억의 연상을 경험합니다. 각자 다른 부분에서 웃고 다른 음악에 감동하고 다른 이야기에 도취합니다. 누구나 각자의 머릿속 번민에서 생성된 고유한 음악을 포착하는 작가를 찾으려고 애쓰고 있습니다.

장은정 선생님의 도서 활용방안

많은 사람들이 다양한 유형으로 자신만의 이야기를 쓰고, 자신의 이름으로 책을 출판하고 싶다는 소망을 가슴에 품고 살아갑니다. 이 책은 이야기의 탄생 과정을 인간의 행동과 사고에 관해 연구하는 뇌과학의 관점에서 살펴봅니다.

우리 주변 어디에나 존재하며, 곧 우리가 되는 '이야기'가 우리의 뇌 속에서 어떻게 창조되는지 알려주며 선택과 왜곡, 변형을 통해 이야기 속 인물들의 성격이 어떻게 형성되고 인물들 간의 대립구조가 어떻게 구성되는지 언급합니다. 또한 이야기가 진행되는 과정 속에서 인간의 의식 아래에서 스스로에 대한 근본적인 극적 질문을 던지게 되며 이를 통해 '나는 누구인가?', '이 상황을 바로 잡으려면 나는 어떤 사람이 되어야 하는가?'라는 질문의 답을 찾아갑니다.

마지막으로 기존의 글쓰기 방법을 알려주는 책들이 언급하고 있는 플롯의 형성과 매력적인 인물과 여러 가지 사건, 이야기가 가지는 힘과 가치, 교훈, 위안 등에 대해 설명합니다. 이렇듯 인문학의 영역을 과학적인 시각에서 접근, 뇌과학의 측면에서 인간의 본성과 본연의 습성을 파헤친 『이야기의 탄생』은 스토리텔링에 대해 호기심을 갖고 탐색을 시작하려는 사람들, 매력적이며 인상적인 글을 쓰려는 사람들, 작가를 꿈꾸는 사람들에게 등대가 되어줄 것입니다.

최어진의 도서 활용방안

뇌과학은 뇌를 포함한 신경계를 연구하는 생물학의 한 분야입니다. 과학의 모든 분야가 세상에 대한 인식을 바꿔가지만, 뇌과학은 인간의 마음에 대한 인식을 바꾼다는 점에서 특별합니다. 이런 뇌과학이 궁금하다면, 『이야기의 탄생』을 추천합니다.

이 책은 인간을 인간답게 만드는 이야기를 뇌 과학으로도 해석할 수 있다는 점을 보여준다는 점에서 작법서이자 동시에 과학교양서입니다. 저자는 이야기 창작 이론 가운데 몇몇 개념이 뇌와 마음에 대한 연구와 유사하다는 사실을 알아내 이 책을 썼습니다.

뇌과학이라는 단어에 겁먹을 필요 없습니다. 이 책은 리어왕, 해리포터, 스타워즈 등 익숙한 고전 명작이나 소설, 영화, 드라마 등을 예시로 들고 있기 때문에 쉽게 읽힙니다. 차근차근 이야기를 따라가다 보면 뇌과학이 무엇인지 이해할 수 있을 겁니다.

독후감

평소 책에 관심이 많고 소설을 좋아하는 사람으로서 "어떻게 이런 이야기를 상상하고 글로 표현을 할까?", "표현력이 대단하다." 등 많은 생각을 가지고 있었습니다. 이야기의 탄생에 대한 궁금함으로 책을 읽기 시작했습니다.

총 4장으로 구성된 이 책에서 저자 윌 스토는 모든 것이 뇌에서 시작되는 일이라고 말합니다. 첫 번째 장 「만들어진 세계」를 통해 우리의 뇌가 어떻게 머릿속에 세계를 형성하고, 어떤 논리로 그 세계를 인식하는지 다양한 작품과 연구를 바탕으로 설명해 나갑니다. 두 번째 장인 「결함 있는 자아」에서는 인물의 성격이 어떻게 형성되며, 그 성격을 어떤 식으로 드러내 보일 수 있는지를 이야기합니다. 그러나 무엇보다 이야기를 매력적으로 만드는 것은 바로 그 인물이 가진 결함이라는 점을 짚어냅니다. 세 번째 장 「극적 질문」을 통해 인물의 극적 질문이 어디에서 어떻게 비롯되는지를 자세히 탐구하며, 마지막 장 「플롯과 결말」에 이르러서야 기존 작법서에서 주로 다루었던 플롯에 대해 이야기합니다.

픽사 애니메이션을 비롯해 BBC의 라디오 연속극 〈아처스〉, 존 요크의 『숲속으로』 등을 예로 플롯에 대한 다양한 이론을 소개하고 일반적인 5막 플롯과 변화를 보여주는 플롯에 대해서, 강렬한 플롯이 무엇인지, 이야기를 어떻게 끝맺어야 하는지에 대해 설명합니다.

평소에 알 수 없었던 주인공에 대한 설명이 너무 재미있었고 소설을 읽는 나의 감정을 한 번 더 되돌아볼 수 있는 시간이었습니다.

장은정 선생님의 독후활동 평가

독후감은 전체적인 줄거리와 책을 읽게 된 동기, 책을 읽는 과정에서 알게 된 사실이나 기억에 남는 내용, 책을 읽고 난 후의 전체적인 느낌이나 깨달음, 자기 생각의 변화 등을 포함하여 쓰는 것이 일반적입니다. 제시된 독후감은 자신이 『이야기의 탄생』을 읽게 된 동기와 책을 읽으면서 본인이 갖게 된 생각을 독후감의 처음에 기술하고 있습니다.

뒤를 이어 총 4장으로 구성된 책의 줄거리를 각 장별로 나열함으로써 이 책의 전체적인 내용을 파악할 수 있도록 하였습니다. 그러나 주인공에 대한 설명이 어떤 측면에서 재미있었는지, 그간 본인이 소설을 읽으면서 어떤 시각과 관점을 갖고 있었는지, 이 책을 통해 이전의 시각과 관점이 어떻게 달라졌는지, 이 책을 읽으면서 기억에 남는 내용이나 전체적인 느낌에 대한 내용이 부족하다는 생각이 듭니다.

책의 전체적인 내용만을 소개할 것이 아니라 독서를 통해 자신의 변화된 생각, 깨달음 등을 보다 자세하게 기술한다면 책을 읽는 사람에게 있어 이 책이 가지는 의미를 보다 더 정확하게 알 수 있을 것이라 생각됩니다.

최어진의 독후활동 평가

이 책은 문학과 뇌과학을 함께 다루고 있지만 우리가 집중해야 할 것은 '뇌과학'입니다. 뇌과학은 뇌의 신비를 밝혀내 인간의 물리적, 정신적 기능을 심층적으로 탐구하는 학문입니다. 그리고 뇌에 관한 연구는 상당히 오랫동안 이루어져 왔지만, 여전히 미지의 세계로 남아있는 부분이 많습니다.

그런데 이 책에서는 우리가 흔히 접하는 매혹적인 스토리의 비밀을 뇌과학과 연결하여 풀고 있기에 흥미롭습니다. 그렇다면 전체 줄거리를 설명하기보다는, 특히 어떤 부분이 내게 인상적이었는지, 그것과 관련하여 앞으로 인간의 뇌에 대한 연구는 계속될 것인데 어떤 영역을 새롭게 연구해 보고 싶은지 등의 내용을 서술하는 것이 좋을 것입니다.

마지막에 기술한 '소설을 읽는 나의 감정을 다시 되돌아 본다'라는 표현이 재미있습니다. 여기에 덧붙여 그러한 나의 감정 변화는 뇌과학의 관점에서 어떤 현상이라 할 수 있는지를 써보는 것도 좋겠습니다.

학생들이 이 책을 읽게 된다면 최근 사회 이슈를 잘 반영하고 있는
수많은 미래 전망 키워드를 접하게 될 것입니다.
이 키워드들은 각각이 여러분의 탐구 주제가 될 수 있으며,
진로 탐구의 구체적인 단서가 될 수 있습니다.

PART 3

사회과학으로 만나는 융합형 의생명 진로 도서

경영경제학자들이 진단하는 현재의 지구를 만나다 『번영의 역설』

번영의 역설 : 왜 가난은 사라지지 않는가
클레이튼 M. 크리스텐슨, 에포사 오조모, 캐런 딜론 저 / 이경식 역 |
부키 | 2020. 05.

핵심구절

"창조되어 성공을 거둔 모든 새로운 시장은 세 가지 두드러진 결과를 내놓는다. 첫째는 수익이고 둘째는 일자리이다. 그리고 마지막 셋째는, 세 가지 중 가장 추적하기 어렵지만 가장 막강한 힘을 가진 문화 변화이다. 이 세 가지가 하나로 뭉쳐서 미래 성장의 굳건한 토대를 만들어 낸다."

"한국은 이런 놀라운 전환을 과연 어떻게 총체적으로 조직했을까? 문화, 비전을 제시하는 리더십, 중공업, 대외 무역, 미국의 원조 그리고 지정학 등과 같은 많은 변수들이 이른바 '한강의 기적'을 일구는 과정에서 중요한 역할을 담당했다. 그러나 마땅히 자주 언급되었어야 함에도 주목받지 못했던 요소인 '혁신'이야말로 이 나라의 변모 과정에서 결정적인 변수로 작용했다."

"우리가 이 책을 쓴 목적은 번영을 창조하는 데서 혁신이 수행하는 결정적으로 중요한 역할을 강조하기 위함이다. '번영의 역설'을 이해하는 작업을 통해 우리는, 혁신이란 사회가 스스로를 고쳐 나가는 과정을 거친 뒤에야 비로소 그 사회의 주변부에서 일어나는 무엇이 아니라, 사회가 스스로를 고쳐 나가는 과정 그 자체임을 다시 한 번 확인했다."

혁신을 통해서 삶의 변화와 국가의 변화가 일어날 수 있다는 것을 설명하는 구절이다. 혁신은 창조와 번영으로 이어질 수 있고 이것을 통해 새로운 차원의 삶이 펼쳐진다는 것을 이 책을 읽으면서 이해하게 된다.

의생명 분야 연결

✖ 서울대학교병원 의료기기혁신센터장 오승준 교수 인사말 소개

본 센터는 의료기기 임상시험 활성화를 위해 2007년 5월, 서울대학교병원 내 독립된 기구로 발족하였습니다. 2007년 6월, 식품의약품안전처 지정 국가공인 의료기기 임상시험 실시기관으로 지정된 이후 기기 개발 과정에 중요한 역할을 수행하여 왔습니다.

의료기기 개발 초기의 아이디어 수집 및 발굴, 임상시험 수행, 사용적합성 테스트, 인허가 지원, 시제품 개발지원, 안전성 정보제공 등의 다양한 서비스를 제공하고 있습니다. 또한 연구자와 기기개발자를 지원함으로써 임상적·공학적 자문을 바탕으로 궁극적으로는 개발 기기의 안전성, 유효성 및 신뢰성을 확보하는 데 도움을 드리고자 합니다.

내용 요약

1부 시장창조 혁신의 힘

1부에서는 혁신의 필요성과 종류, 새로운 시장 소개, 소비자 포섭 전략에 대해서 다룹니다.

많은 나라에서 지속적인 번영은 가난을 바로잡는다고 찾아오지 않는다고 하며, 번영은 그 나라들에 새로운 시장을 창조하는 혁신에 투자함으로써만 가능하다고 합니다. 질 낮은 교육, 부족한 병원, 나쁜 통치, 빈약한 인프라를 비롯한 여러 빈곤 지표들을 개선하기 위해 엄청난 양의 자원을 직접 쏟아 붓는다고 해서 지속적이고 진정한 번영이 그 나라에 확실하게 뿌리를 내리는 것이 아니라는 말입니다. 또한 많은 나라들에서 번영은 특정한 유형의 혁신, 즉 '시장 창조 혁신'에 투자할 때 전형적으로 뿌리를 내리기 시작하며 그 과정에서 혁신은 지속적인 경제발전의 촉매이자 토대로 기능한다고 합니다.

혁신에는 세 가지 유형이 있으며 이는 각 지속성 혁신, 효율성 혁신, 시장 창조 혁신입니다. 첫째, 지속성 혁신은 기존의 해법을 개선하는 것이며, 전형적으로 제품이나 서비스의 더 나은 성능을 요구하는 소비자들을 공략 대상으로 삼는다고 합니다. 세계적인 자동차 기업인 도요타가 지속적 혁신 전략인 '리퍼포징'을 활용하여 캠리의 기존 고객을 확보한 사례가 대표적입니다. 둘째, 효율성 혁신은 말 그대로 기업이 더 적은 자원으로 더 많은 결과물을 낼 수 있도록 해준다고 합니다.

이러한 효율성 혁신은 모든 산업에 존재하며, 어떤 조직에서든 수익성 개선과 고객 유지 수단들을 관리하는 데 결정적이라고 합니다. 해당 혁신에 대한 투자로 이익을 본 산업은 자원 채굴 산업인데, 국가 수출액의 90% 이상이 석유 및 가스 부분인 나이지리아에서 해당 산업 분야의 종사자는 나이지리아 전체 인구에 0.01%에 불과합니다.

마지막은 시장 창조 혁신입니다. 말 그대로 새로운 시장을 창조하는데, 이때 '새로운 시장'은 기존 제품이 있어도 여러 가지 이유로 너무 비싸고 접근이 불가능했던 사람들에게 이득을 주는 시장을 뜻합니다. 저자는 시장 창조 혁신으로 나아가는 다섯 가지 방법을 소개합니다. 이는 각 비소비를 표적으로 삼는 사업 모델 개발, 활성화 기술 개발, 새로운 가치망 창출, 우발적 전략 사용, 경영진의 적극적인 지원입니다.

혁신의 각 유형은 한 나라의 경제에서 시장을 창조하거나 시장에 생기가 넘치도록 유지하면서 세 가지 뚜렷한 결과를 만들어 낸다고 보았습니다. 첫째는 일자리 창출로 광고, 유통업무에 종사하는 사람들이 점점 더 많이 필요해질 것이라고 보았습니다. 둘째는 수익 창출로 전체 인구에서 많은 비율을 차지하는 사람들을 통해 수익을 만들어내고, 이 수익은 공공 서비스를 확대하는 재원으로 사용된다고 보았습니다. 마지막은 문화 발전으로 혁신이 진행되면서 사람들이 자체 생존을 위해 필요한 다른 요소들, 즉 인프라와 교육과 제도 그리고 심지어 문화 분야의 변화를 야기한다고 보았습니다.

저자는 혁신의 관점에 서 있는 사람은 세상을 소비자(소비 경제)와 비소비자(비소비 경제)로 구성된 것으로 본다고 합니다. 소비 경제는 기존 시장에 나와 있는 제품이나 서비스를 구매해 사용할 수 있는 소득과 시간과 전문성을 가진 소비자들로 구성되어 있으며. 비소비 경제는 그렇지 못한 교육수준이 낮고, 가난한 소비자들이 주를 이룹니다. 저자는 전세계에 광대한 규모의 비소비 경제권이 형성되어 있으며 기업들에게 기회라고 하였습니다. 또한 이러한 비소비 계층이 소비하지 못하도록 가로막는 장애물을 기술, 부, 접근성, 시간이라고 보았으며 이를 해결하기 이해서는 새로운 해결책으로 나아가도록 변화를 촉구하는 힘, 변화를 거부하는 힘 모두를 겸비해야 한다고 주장합니다.

마지막으로 지속가능한 번영을 촉발하고 비소비 경제권을 포섭하기 위한 전략으로 끌어당기기 전략을 소개합니다. 먼저 기존의 밀어붙이기 전략은 제안한 사람들이 주도권을 쥐고서 강력하게 추진하는 전략으로 대개 특정 개발 분야의 전문가들이 사용합니다. 이 전략은 저소득 국가들에 추천되는 해결책들을 내놓지만 가난한 나라 사람들이 받아들이지 못하는 경우가 많다고 합니다.

반면 끌어당기기 전략은 거의 모든 점에서 밀어붙이기 전략과 다릅니다. 끌어당기기 전략은 현장 혁신가들에 의해 시작되며 시장을 창조하거나 시장의 요구에 대응하는 일에 우선적으로 초점을 맞추기 때문에 지속가능한 번영을 촉발하는 데 훨씬 더 효과적이라고 합니다.

대표적인 성공사례로 나이지리아의 소비재 기업 '톨라람'을 소개합니다. 이들은 20센트의 라면을 개발하여 인구의 78퍼센트가 하루 2달러 미만으로 살아가는 평균적인 나이지리아인의 절박한 필요를 파악하여 새로운 시장을 창조하였다고 합니다.

기업이 가난 대신 기회와 잠재력을 본 사례

상품	지역	결과
사파리콤 M-PESA	케냐	모바일 금융, 2,200만명 사용 중 대출, 보험 등 금융 상품 후속 등장
톨라람 인도미 라면	나이지리아	싸고 간단한 식품, 연간 45억 봉지 판매 수만 개 일자리 창출, 국가 유통망 확대
어스인에이블 강화 흙바닥	멕시코	저렴하고 품질 좋은 빵 22개국서 12만 8,000명 고용
갈란츠 전자레인지	중국	중국 내수에 초첨을 맞춘 제품 한해 1,300만대 판매, 생산품 다양화

출처 : 서울경제

2부 혁신은 어떻게 번영을 창조하는가

2부에서는 혁신을 바탕으로 성장한 국가(미국, 한국, 일본)와 혁신 창출의 중심의 있었던 각 국의 기업들에 대해서 소개한 후 혁신에 지나치게 의존하여 무너진 국가(멕시코)에 대해서 다룹니다.

첫 번째는 미국입니다. 19세기 미국은 평균 수명 45세, 유아 사망률 1000명 중 200명, 옥내 화장실 비율 5퍼센트 미만이었으며 공공기관의 부패가 만연했지만 오늘날 세계 선진국으로 부상하였습니다. 저자는 미국을 강대국 부상의 원동력을 시장 창조 혁신이라고 보며 이는 20세기 초 포드사의 핸리포드, 코닥의 조지 이스트먼, 재봉틀을 개발한 아이작 싱어, 뱅크오브 아메리카의 아마데오 잔니니를 비롯한 혁신가들의 성공에 의해 창출되었다고 보았습니다. 혁신가들은 비소비자들을 대상으로 하는 시장에 점점 더 많이 초점을 맞추면서 미국에서 혁신의 문화를 형성하였고, 이에 따라 미국에서 번영 창조의 선순환이 작동하기 시작했습니다.

다음은 한국과 일본입니다. 한국과 일본의 놀라운 성장을 소개하며 각 국의 혁신을 바탕으로 성장한 기업들을 소개합니다. 이 두 나라가 가난에서 벗어날 수 있었던 데에는 정부의 지원을 받은 기업가들의 필사적인 노력과 저비용 구조를 지렛대로 활용한 수출 기업들의 성공이 있었기 때문이라고 하며 세 가지 교훈을 남깁니다.

첫 번째는 어떤 나라든 간에 그 나라에 놓인 환경에 상관없이 혁신에 투자할 수 있어야 한다는 것입니다. 두 번째는 시장 창조 혁신을 이끌어 가기 위한 기업가들이 필요하다는 점입니다. 평균 이상의 역량을 가진 기업가들만이 성공 가능성이 높은 혁신과 경제적 기회를 창출할 수 있기 때문이라고 말합니다. 마지막으로 셋째는 어떤 나라든 발전의 초기

돈이 돈을 낳는다는 말은 반대로 가난이 가난을 낳는다는 소리다. 빈부격차의 고리는 무엇보다 끊기가 어렵다.

단계에서는 통합이 필요하다는 것입니다. 가난한 나라는 대다수의 경우 필수 인프라를 갖추고 있지 않기 때문에 혁신가들이 성공하기 위해서는 자기 사업에 필요한 여러 활동들을 통합해야 한다고 보았습니다.

마지막은 멕시코입니다. 멕시코가 놀라운 잠재력에 비해 성장하지 못한 이유는 효율성 혁신에 지나치게 의존하여 경제가 한계점에 다다랐기 때문이라고 합니다. 멕시코에서 효율성 혁신이 널리 퍼져 있음을 가장 두드러지게 입증하는 사례는 마킬라도라의 보편화입니다. 마킬라도라는 외국에서 부품을 수입하고 값싼 노동력으로 조립해 완성품을 만든 후에 다시 외국으로 수출하는 멕시코의 외국계 공장을 일컫는 말입니다.

1994년 북미자유무역협정이 체결된 이후 이 유형의 공장이 붐을 타고 증가하였지만 그것이 멕시코의 성장으로 이어지지는 않았습니다. 이는 효율성 혁신이 활발한 경제 발전으로 이어지는 경우가 흔하지 않기 때문입니다. 효율적 혁신은 기본적으로 세계 어디든 찾아갈 수 있다는 특성을 가지기 때문에 멕시코에는 언제든 떠나 버릴 '글로벌 일자리'밖에 없었습니다. 저자는 이러한 효율적 혁신으로 인해 멕시코의 성장이 둔화되었으며 더욱 악화될 수 있다고 보았습니다.

3부 번영의 장벽 극복하기

3부는 개발도상국들이 구축하지 못하고 있는 제도 및 인프라와 만연한 부패를 개선하기 위해서 반복해온 '밀어붙이기'식 접근방법이 아닌 새로운 접근 방법을 제안합니다.

'법치'와 '제도'의 결여는 가난한 나라를 병들게 만드는 일종의 전염병이라고 표현하며, 이 둘을 바로잡지 않고서는 개발과 발전을 향해 나아갈 희망도 가질 수 없다고 말합니다. 많은 국가들이 이 문제를 바로잡기 위해서 서구의 제도를 채용하지만 실패하는 경우가 많다고 합니다. 이는 아무리 좋은 법과 제도를 만들어봤자 대부분 외국에서 수입한 것이어서 그 나라 문화와 사정에 맞지 않기 때문입니다.

몇몇 통계 자료에 따르면 시도된 전체 개혁 중 70퍼센트가 '변변찮은 결과'를 낳았으며, 2003년 아프가니스탄에 수십억 달러를 쏟아 부은 제도 개혁은 처참히 실패했다고 합니다. 이에 효과적인 제도를 만들기 위해서는 제도를 규정이나 규제의 문제가 아니라 문화의 문제, 특정 지역의 사람들이 문제를 해결하고 발전을 향해 나아가는 방식의 문제로 인식해야 한다고 보았습니다.

다음은 부패입니다. 부패인식지수에 따르면 전 세계 국가 3분의 2 이상이 100점 만점에 50점 미만이며 76억 세계 인구 중 60억 명이 부패한 정부 아래 살고 있다고 합니다. 상식적인 관점에서 사람들은 훌륭한 리더십으로 부패를 물리치는 방안을 선호하지만, 부패와의 싸움은 반복되고 있다고 합니다.

저자는 부패 문제에 대해서 "어떻게 하면 부패를 근절할 수 있을까?"가 아닌 "어째서 부패는 이토록 끈질길까?"라는 질문을 던집니다. 이 질문에 대한 답은 사람들이 부패를 '수용'하기로 선택하는 이유를 이해하는 데 있다고 보며 부패 대신 수용할 대체물이나 부패보다 더 나은 해결책을 제공해야 한다고 주장하였습니다. 즉, 저자는 부패를 해결하기 위해서는 부패의 '증상'이 아닌 부패의 '원인'을 이해해야 한다고 본 것입니다. 나아가 현재 번영하는 나라들에서도 부패가 만연하던 시절이 있었지만, 이는 시장을 창조하는 혁신에 대한 투자가 먼저 이루어질 때 비로소 부패에 대한 적절한 법 집행이 뒤따랐다고 보며 혁신에 힘을 쏟아야 한다고 보았습니다.

마지막으로 인프라에 대해서 언급합니다. 많은 나라에서 의미 있는 발전이 이루어지려면 정부는 우선 어떻게든 인프라를 밀어붙여 구축해야만 한다는 생각을 하지만 이는 잘못된 발상이라고 보았습니다. 가난한 국가에서는 인프라를 구축하더라도 해당 인프라를 활용할 시장이

76억 명의 세계 인구 중 60억 명 이상이 부패한 정치체제에서 살아간다.

충분히 마련되어 있지 않기 때문입니다.

더 큰 문제는 가난한 국가의 기업들에게 필요한 일, 특히 그들에게 가장 필요한 '시장 창조혁신'과 연결려는 노력 없이 그냥 마구잡이로 서구의 부유한 나라들의 인프라 사업을 복제하는 것이라고 보았습니다. 10억 달러 규모의 아프가니스탄의 교육 인프라 구축 사업, 2억 달러 규모의 탄자니아 인프라 사업 모두 막대한 금액이 투입되었지만 실패한 것이 대표적인 사례입니다. 저자는 성공적으로 인프라 사업을 진행하기 위해서는 새로운 시장을 창조하거나 기존 시장을 지원하는 여러 혁신을 강화하는 데 매진하여야 한다고 보았습니다.

4부 시장창조 혁신의 원리

마지막으로 시장창조 혁신의 원리를 소개합니다. 시장 창조 혁신은 가난에서 벗어나 번영을 누리려고 힘들게 투쟁하고 있는 많은 나라들의 경제 엔진에 불을 붙일 수 있다고 보았습니다. 이는 경제 발전 문제에 대한 사고방식, 제기하는 질문 등 발상의 전환에서 시작된다고 보았습니다.

시장창조 혁신 원리는 다음과 같습니다. 첫째는 인프라보다 기회와 잠재력을 보는 것입니다. 겉으로는 가망이 없어 보이는 것이 실제로는 새로운 시장 혹은 번성하는 시장을 창조할 좋은 기회인 경우가 많기 때문입니다. 둘째는 사람들의 투쟁과 비소비에 초점을 맞추는 것입니다. 힘겨운 투쟁은 흔히 '비소비'라는 형태로 드러나는 데, 상품을 구매하지 않는 '비소비'자들이 진정으로 해결하고자 하는 문제가 무엇인지 이해하고 나면 시장은 잠재력으로 가득한 것으로 보이기 때문입니다.

마지막은 '밀어붙이기' 전략 대신 '끌어당기기' 전략을 추구하는 것입니다. 비소비자를 위한 새로운 시장이 창조되면 이 시장은 자체 생존을 위한 다른 요소들, 인프라와 교육제도, 문화 분야 등을 끌어당길 수 있기 때문입니다.

김정혜 선생님의 도서 활용방안

사람들은 흔히 번영을 '빈곤의 반대말'로 생각합니다. 하지만 '지속적인 번영'이라는 진행형으로 보아야 우리는 진정한 번영을 누릴 수 있습니다. 내 삶 속에서 '진정한 번영'을 누리고 싶다면 일독해야 할 책이라 생각합니다.

저자 클레이튼 M. 크리스텐슨Clayton M. Christensen은 '파괴적 혁신이론'의 창시자로, '불확실성의 시대에도 지속가능한 성장을 가져올 수 있는 건 파괴적 혁신 뿐'임을 강조했던 경제학자이기도 합니다.

이명희 선생님의 도서 활용방안

『번영의 역설: 왜 가난은 사라지지 않는가』는 번영을 창조하는 과정에서 혁신의 역할을 이야기합니다. 1부에서는 혁신의 종류부터 필요성까지, 2부에서는 혁신을 바탕으로 성장한 국가와 실패한 국가를 다루면서 한국과 일본의 혁신을 바탕으로 성장한 기업들을 성장의 예로 소개하고 있습니다. 한국에 선교사로 와서 한국의 문화를 경험한 저자로서 책에서 여러 번 한국의 놀라운 성장의 힘이 혁신이었음을 말하는 논지에 설득력이 더해집니다.

3부에서는 개발도상국이 구축하지 못하고 있는 제도 및 인프라와 부패에 대해 다루면서 역시 혁신의 중요성에 주목합니다. 4부에서는 시장 창조혁신의 원리를 소개하고 있는데 상품을 구매하지 않는 '비소비자'들을 위한 새로운 전략으로 '끌어당기기" 전략을 추천하고 있습니다.

경제나 사회 현상에 관심이 많은 학생들에게 적극 추천합니다.

이재환 선생님의 도서 활용방안

왜 어떤 나라는 번영의 길을 찾는데, 또 어떤 나라는 가난에서 헤어나지 못할까에 관한 주제로 혁신의 중요성을 강조한 책입니다. 크게 4부로 구성되어 있으며 1부에서는 혁신의 필요성에 대해 다룹니다. 저자는 번영은 혁신에 투자함으로써 가능하다고 말합니다. 번영은 단순히 일반적인 부유한 상태를 뜻하는 게 아니라, 어떤 지역에서 점점 더 많은 사람이 자신의 경제적, 사회적 복지를 개선하는 과정입니다. 2부에서는 혁신을 바탕으로 성장한 미국, 한국, 일본에 대해 언급하고 반대 사례인 멕시코의 몰락을 지적합니다. 특히 한국의 발전을 한강의 기적이라고 말하며 한국의 성장은 대단했다고 평하고 있습니다. 3부에서는 개발도상국이 혁신하기 위한 새로운 접근 방법을 제안합니다. 마지막 4부에서는 가난에서 벗어나 번영을 누리기 위한 시장 창조혁신의 원리를 소개합니다.

이 책은 세계의 불평등한 구조를 이해하고, 혁신을 바탕으로 번영하는 개인과 국가에 관심이 있는 학생이라면 반드시 읽어야 할 책입니다.

이 책을 읽고 번영의 역설에 대해 고민한다면 분명 새로운 혁신을 위한 동력과 아이디어가 샘솟을 것입니다.

독후감

최근 페이스북, 인스타그램 등의 미디어가 발전하면서 어려움에 처해 있는 아이들에게 손쉽게 지원할 수 있게 되었습니다. 개개인의 지원과 국가의 지원을 받은 구호재단은 구호품 지원, 학교건설, 우물 건설 등 다양한 방법으로 가난에 빠진 사람들을 도와줍니다. 21세기의 가장 대표적인 사업은 우물 건설이었습니다. 상수도 시설 설치에 비해 공사 기간이 짧고 비용이 적게 들기 때문입니다. 사람들의 관심 속에 수없이 많은 우물들이 전 세계 개발도상국 곳곳에 지어졌지만 그 결과는 처참했습니다. 보여 주기식으로 우물을 파는데 집중하여 우물의 안전성을 고려하지 않았기 때문입니다. 이에 수많은 우물들이 지속되지 못하여 버려지거나, 오염수가 그대로 나오는 경우가 발생하였다고 합니다.

이 책은 아프리카 저개발국가에 대한 공적 개발 원조에 대해 근본적인 의문을 제시합니다. "그토록 오랫동안 원조가 지속되어 왔지만 왜 가난은 사라지지 않을까?" 저자는 개발도상국에 우물 설치하기는 눈에 보이는 가난의 징표들을 바로잡는 데 투자하는 방식의 해결책이 가난을 일시적으로 누그러뜨릴 수 있을지 몰라도 결과적으로 바꾸어 놓

북아프리카의 버려진 우물 전경. 막대한 ODA 금액이 이와 같은 전시적 복지에 소모되고 단기간에 버려진다.

지는 못한다고 하였습니다. 또한 지금까지 저소득 국가에 행해진 각종 제도 정비, 대외 무역 활성화 등 다양한 방법들도 우물 설치하기와 다를 바가 없었다고 하며 이는 여러 자원을 피폐한 지역으로 투입하기만 하면 가난을 바로잡을 수 있다는 믿음이 문제라고 하였습니다. 저자가 생각한 지속가능한 번영의 핵심은 혁신입니다. 그가 말하는 혁신은 시장 기반의 해결책을 의미하며 이를 통해서만 지속적인 번영이 가능하다고 보았습니다.

1960년대부터 2020년에 이르는 지금까지 약 4조 3000억 달러의 금액이 공식 개발 원조로 지출되었으며, 지금도 천문학적인 금액이 우물 건설과 같은 사업으로 낭비되고 있다고 합니다. 이렇게 막대한 돈이 땅에 버려지는 것에 대해 국가와 구호 재단은 물론이고 개개인에게도 책임이 있다는 생각이 들었습니다. 저를 포함한 대다수의 사람들이 아프리카 아이들을 보고 동정심을 느껴 금전적으로 지원해 주는 것에 막연한 지지를 보냈기 때문입니다. 금전적 지원이 개인의 죄책감을 덜어내는 데는 성공했을지 몰라도 아프리카 아이들의 삶의 질을 실제로 개선해 주지는 못했습니다.

이러한 개개인의 무책임이 모여 4조 3000억 원이라는 엄청난 돈이 허공에 뿌려졌지만 개개인의 변화를 통해서 충분히 만회할 수 있다고 생각합니다. 그 시작은 개개인이 역량을 살려 개발도상국에 '혁신'을 심어주는 것입니다. 기업에 종사하는 사람은 시장창조 혁신, 공공기관에 종사하는 사람은 지속가능한 인프라 사업 추진 노하우를 전수하는 것을 뜻합니다. 비록 50년 동안 국제개발에 있어서 뚜렷한 성과는 없었지만 개발도상국에 혁신이 자리 잡는다면 앞으로의 50년은 분명 새로운 시대가 될 것이라고 생각합니다.

김정혜 선생님의 독후활동 평가

저자의 파괴적 혁신disruptive innovation개념을 정확히 이해하여 국제구호 사업 중 '우물 파기 사업'에 적용해 본 고찰이 돋보입니다. 국제원조 중 '깜깜이식 원조'와 '일회성 원조'에 대해 깊은 문제의식을 가지고 도서 『번영의 역설』을 토대로 설득력 있는 대안을 제시하려 노력한 부분이 인상적입니다.

이명희 선생님의 독후활동 평가

무려 450페이지에 달하는 다소 무거울 수 있는 주제의 책을 읽으면서 자신의 눈길을 끈 우물 건설이 실패한 원인을 저자가 이 책에서 다루고 있는 혁신의 필요성과 혁신을 대하는 국가와 기업, 개개인들의 자세와 연계하여 설명하고 있습니다. 또한 개발도상국의 놀라운 번영을 위해서는 지원을 하는 자들과 지원받는 사람들 스스로 고쳐 나가는 힘이 중요함을 확인한 독후감이라고 평가합니다.

이재환 선생님의 독후활동 평가

책을 읽고 '왜 가난은 사라지지 않는가'에 대한 본질적인 물음에 해답을 구하는 모습이 매우 인상적입니다. 독후감에서 아프리카 저개발국가에 대한 공적 개발 원조를 놓고 근본적인 의문을 제시하면서 일시적인 도움이 아닌 근본적인 도움을 줘야 한다고 말하고 있습니다.

유대인들의 지혜서인 『탈무드』에도 언급되었듯이 아이를 진정으로 위하거든 고기를 잡아주지 말고 고기 잡는 법을 가르쳐야 합니다. 마찬가지로 저개발국가에 선심쓰듯 주는 도움보다는 가난을 해결할 수 있는 근본적인 방법인 혁신이 중요하다고 말한 것이 공감됩니다. 혁신이야말로 세상을 독립적으로 살아가는 방법입니다. 그리고 앞으로의 50년이 기대되는 이유이기도 합니다.

기후재난 시나리오를 통해 미래지구를 만나다 『2050 거주불능 지구』

2050 거주불능 지구: 한계치를 넘어 종말로 치닫는 21세기 기후재난 시나리오
데이비드 월러스 웰즈 저 / 김재경 역 | 추수밭 | 2020. 04.

핵심구절

"지구의 징벌은 자연을 매개로 폭포수처럼 쏟아져 내리겠지만 대가를 치를 대상은 자연에 국한되지 않을 것이다. 우리 모두가 고통을 겪을 것이다. 대다수 사람들의 생각과 달리 나는 인류가 계속 이전처럼 살아갈 수만 있다면 '자연'이라고 부르는 존재를 상당 부분 잃는다 하더라도 별로 상관하지 않는다. 문제는 우리 인류가 결코 이전처럼 살아갈 수 없다는 점이다."

"결국 열두 개 챕터에 묘사된 열두 가지 위협은 기껏해야 현재로서 내놓을 수 있는 미래 모습이라는 뜻이다. 우리가 실제로 맞이할 미래는 훨씬 더 끔찍할지도 모른다. 물론 반대로 덜 끔찍할 수도 있다. 새로운

세계의 모습은 부분적으로는 아직 미지의 존재에 가까운 자연의 힘에 달려 있지만 결정적으로는 인간의 손에 달렸다."

"지구온난화 수준이 돌이킬 수 없는 티핑포인트에 근접했다. 트럼프의 파리기후협정 탈퇴 결정은 벼랑 끝에 있던 지구를 밀어 넘어뜨릴 것이다. 금성처럼 기온이 250도까지 치솟게 되는 것은 물론 매일 황산 비가 내리는 지구를 맞이하게 될 것이다."

"우리에게는 '차선책으로 택할 행성'이 없기 때문에 '두 번째 계획' 도 있을 수 없다."

"우리는 우리의 책임을 다음 세대 후손에게, 마법 같은 혁신을 일으킬 기술자에게, 당장의 폭리에 집중하는 정치인에게 미루고 있다. 설령 강압적으로 느껴지더라도 이 책에 '우리'라는 단어가 강박적으로 많이 등장하는 이유도 바로 이 때문이다."

지구온난화 등 글로벌 재난 상황이 심각해지면서 인류는 협동해야 한다. 이 점을 이 책에서는 여러 사례를 강조하고 있다.

의생명 분야 연결

✖ 세브란스 재난교육의료 센터 소개

본 사업단은 국가와 국민의 생명, 신체, 재산에 피해를 줄 수 있는 태풍, 홍수, 호우, 가뭄, 지진 등 자연재난과 대량 인명손실을 동반한 사회적 재난 발생 시 신속한 의료서비스를 지원하고 피해자들의 건강한 사회복귀를 돕는 것을 목적으로 하고 있습니다. 또한 재난 시 효율적 대응을 위해 재난대응 의료전문가를 양성하고 재난피해자들의 건강한 사회복귀와 의료약자의 응급상황에 빠른 대응을 하기 위한 시스템을 제공하게 될 것입니다.

2015년부터 재난진료지원예산 확대와 더불어 재난의료교육의 중요성이 더욱 부각되었습니다. 재난의료교육센터는 지난 1년간 학생, 의사, 간호사, 응급구조사, 의료행정직, 일반인, 소방공무원 등 다양한 직군을 대상으로 국내외 재난 현장에서 활용할 수 있는 실용적인 교육 및 훈련을 진행하였습니다. 수료생 평가 결과 지속적 교육 요구도가 확인되었고 앞으로 보다 전문적이고 특성화된 교육을 진행할 예정입니다. 이를 통해 지역사회의 재난대응 및 국내외 재난전문인력 파견에 기여하고 한국형 재난의료체계 확립에 큰 보탬이 되길 기대합니다.

내용 요약

전 세계적으로 많은 나라들이 지구의 미래를 걱정하며 탄소 배출량을 줄이는 데 많은 노력을 기울이고 있다고 합니다. 1997년 교토의정서, 2016년 파리기후협약이 대표적인 사례입니다. 그러나 미국을 비롯해 많은 나라들이 파리 기후협약에서 약속한 '2100년까지 지구온도 상승 2도 이내 억제'라는 목표를 외면하고 있습니다. 파리 기후협약의 경우 세계 온실가스 배출국 2위인 미국이 돌연 탈퇴하면서 협약 자체에 의미가 없어졌다고 합니다.

파리 기후 협약에서 목표로 한 지구온도 상승 2도 유지는 가장 낙관적인 전망에 불과하며, 인류가 기적적으로 탄소 배출을 중단하더라도 지금까지 배출해 온 양 때문에 추가적인 기온 상승은 불가피하다고 말합니다. 세계적으로 탄소배출량이 여전히 증가 중임을 고려할 때 탄소 배출이 중단될 리는 없을 것이며 결과적으로 기후변화 역시 지체되지 않을 것이기 때문입니다.

실제로 가장 가능성이 높은 시나리오에서는 2100년까지 지구의 온도는 3도 혹은 3도를 약간 웃도는 상승이 있을 것이라고 예상합니다. 기온이 단 1℃만 상승하더라도 미국과 같이 기후가 온화한 국가에서 경제성장률이 1% 포인트 감소하고, 4~5등급 허리케인 발생 빈도가 25~30%가량 증가한다고 합니다. 2℃가 상승하면 적도의 주요 도시가 거주불능 지역으로 변화하며, 가장 심각한 상태인 5℃ 상승 시에는 전 지구가 거주불능 지역으로 변하게 된다고 합니다. 즉, 지구의 온도

새벽에 가동을 시작한 화력발전소. 재래식 화력발전은 전력 생산비중의 45%를 차지하고 있다.

가 5도 상승할 경우 인류의 대멸종이라는 결과에 도달할 수 있다는 것입니다. 저자는 온도 상승의 위험성을 언급하며 인류의 멸종 위기가 이르면 30년 뒤에 펼쳐질 수 있는 현실이라고 말하며 12가지의 재난 형태를 소개합니다.

첫 번째는 '폭염'입니다. 인간이 접하는 직접적인 열기를 평가할 때는 습도를 고려한 기온인 '습구온도'가 중요한 판단 기준이 되는데 사람이 거주할 수 있는 습구온도 한계선은 35도라고 합니다. 현재로서는 습구온도가 26~27도를 넘는 지역은 거의 없지만 온열 스트레스 증상은 이미 전 세계적으로 발생하고 있다고 합니다. 1980년대 이후 위협적인 폭염이 발생하는 빈도는 50배 증가하였고, 지금도 세계 인구의 3분의 1이 매년 20일 이상 살인적인 폭염에 노출되고 있다고 합니다. 기후변화협의체IPCC에서는 탄소배출이 줄어들지 않을 경우 2100년에는 지구 기온이 4도가 올라간다고 예측한 바 있는데, 4도가 올라가게 된다면 미국 서부의 16배에 달하는 지면이 화재로 소실되고 도시 수백 개가 물에 잠길 것이라고 합니다. 2100년까지 기온 상승을 2도로 막는다면 살인적인 폭염에 노출되는 사람은 세계 인구의 2분의 1로 증가하는 것으로 그칠 수 있지만, 2도 선을 지키지 못한다면 4분의 3까지 증가할 수 있다고 합니다.

두 번째는 '빈곤'입니다. 인류는 오랜 경험을 통해 기온이 1도 오를 때마다 수확량이 10%씩 준다는 법칙을 알아냈습니다. 즉, 21세기 말까지 지구가 5도 더 뜨거워지면 곡식은 50% 감소한다는 것을 뜻합니다. 저자는 인류가 식품 생산량을 늘릴수록 탄소농도가 증가하여 기온이 상승한다고 하는데 문제는 인구는 가파르게 증가하고, 더 많은 식품 생산이 요구되는 것이라고 말합니다. 저자는 식품 생산을 늘림으로써 인류의 배고픔을 달랠 수는 있지만 그것이 결국 가뭄이라는 부메랑으로 인류를 재앙으로 빠뜨릴 것이라고 주장했습니다. 기온이 상승하여 비규칙적인 폭우와 영구적인 가뭄이 발생하게 되어 경작에 적합한 토지가 줄어들 것이라고 합니다. 현재도 이미 1억 명가량이 기후 충격을 겪고 있다고 추정하는데, 탄소 농도가 증가함에 따라 2050년쯤이면 개발도상국에 사는 사람 중 1억 5000만 명이 단백질 결핍에 시달릴 것으로 관측하기도 합니다.

세 번째는 '해수면 상승'입니다. 인류가 급격하게 탄소배출량을 감축할 경우 해수면이 최소 0.6m에서 최대 1.8m까지 오를 수 있다고 합니다. 하지만 감축이 이루어지지 않는다면 21세기가 끝날 무렵에는 최소 1.2m에서 최대 2.4m 상승할 수 있다고 보았으며, 이로 인해 매년 세계 인구의 5%가량이 물속으로 가라앉을 수 있다고도 합니다.

세계 주요 도시의 거의 3분의 2는 해안가에 위치하는데 해수면 증가에 따라 더 많은 도시들이 홍수의 피해를 입게 될 것이라고 합니다. 이러한 해수면의 증가는 빙하가 녹기 때문에 발생하는데, 빙하가 녹는 속도가 5년 주기로 3배씩 빨라지고 있다고 합니다. 북극의 빙하의 경우 막대한 양의 탄소를 품고 있는데, 빙하가 녹아내리면서 메탄으로 증발하여 대기중 방출한다고 합니다. 즉, 빙하가 녹으면 해수면 증가와 탄소배출량 증가 모두로 이어질 수 있다는 것입니다.

네 번째는 '산불'입니다. 화재가 연중 계속되고 있으며, 앞으로는 지금의 화재가 '불장난' 수준이 될 것이라고 경고합니다. 미국 서부의 경우 최근 50년 사이에 화재가 잘 일어날 수 있는 기간이 25개월 증가했으며, 2050년까지 산불 피해는 2배 증가할 것이라고 합니다. 죽은 나무는 석탄과 같아, 화재가 빈번할 경우 숲들은 탄소 흡수원에서 탄소 공급원으로 뒤바뀌게 되어 저장하고 있던 온실가스를 배출하게 되는데, 그 양이 막대합니다. 전 세계 탄소배출량의 약 12%는 산림파괴가 원인이며 약 25%는 산불이 원인이라고 합니다.

봄에는 원래 산불이 잘 난다. 호주 정부가 한 달 가까이 산불을 방치하면서 한 말이다. 2020년 호주 산불은 한반도 면적의 85%를 잿더미로 만들었다.

다섯 번째는 '재난의 일상화'입니다. 기온이 4도 증가한 세계에서는 늘 자연재해가 들끓어 사람들은 자연재해를 그냥 '날씨'라고 부를 것이라고 저자는 관측합니다. 또한 수백수천 년에 한 번 겪었을 극심한 이상기후를 훨씬 짧은 주기로 경험할 것이라고 합니다. 2017년 여름 북반구에는 이제껏 본 적 없는 기상이변 현상이 일어났으며, 대서양에서는 대형 허리케인이 짧은 시간 내에 세 차례나 연달아 발생했다고 합니다. 2018년에는 여름에 로스앤젤레스는 42도, 알제리는 51도의 폭염에 시달렸으며, 태풍 허리케인 플로렌스는 엄청난 비를 몰고 와 50명 이상의 사망자를 냈다고 합니다. 저자는 이러한 재난이 2040년쯤에는 일상화가 되고, 재난을 복구할 틈도 없이 또 다른 재난을 맞이하는 초유의 사태가 벌어질 것이라고 말합니다.

여섯 번째는 '갈증과 가뭄'입니다. 지구 지표면의 71%는 물로 덮여 있지만 2% 남짓만 맑은 물이라고 합니다. 그중 99%는 빙하 속에 갇혀 있기 때문에 인간은 단 1%만을 이용할 수 있다고 합니다. 즉, 지구의 물 가운데 인간이 먹을 수 있는 물은 0.007%에 그친다는 것입니다. 현재 추세라면 2030년에는 전 세계 물 수요량이 공급량을 40%가량 앞지를 것으로 예상되는데 설상가상으로 지난 100년 동안 지구상의 거대 호수는 대부분 바닥을 드러내고 있다고 합니다. 유엔 보고서에 따르면 2050년에는 약 50억 명이 신선한 물을 충분히 이용하지 못하게 될 것이라고 합니다. 물의 효율성이 에너지 효율성만큼이나 긴급한 문제가 된 것입니다.

일곱 번째는 '오염되는 바다'입니다. 바다는 인간이 배출한 탄소량의 4분의 1 이상을 빨아들이며, 지난 50년 동안 지구온난화가 초래한 초과열의 90%를 흡수해 왔다고 합니다. 그 결과 해양산성화를 겪게 되었고, 해양 온난화와 산성화 때문에 2030년에는 폭풍 해일이 일으키는 홍수를 막아주는 산호초의 90%가 위험해질 수 있다고 합니다. 게다가 '바다의 컨베이어 벨트'라고 불리는 바다의 거대한 순환 시스템이 둔화할 가능성이 존재한다고 합니다. 바닷물의 순환이 둔화하면 뜨거운 지역은 더욱 뜨거워지고 차가운 지역은 더욱 차가워지는 등 지구의 기후 시스템에 심각한 불균형을 초래할 수 있다고 합니다.

여덟 번째는 '오염된 공기'입니다. 앞으로 지구의 공기는 더욱 뜨거워질 뿐만 아니라 더욱 더럽고 답답하고 건강에 해를 끼칠 것이라고 합니다. 지구가 뜨거워질수록 오존은 더 많이 형성되어 21세기 중반에는 미국인이 오존 스모그로 고통받는 날 수가 70% 늘어날 것으로 예측하며, 이미 세계 인구의 95%가 위험할 정도로 오염된 공기에 노출되어 있습니다. 미세오염 물질에 단기적으로 노출되더라도 호흡기 질환 감염률이 비약적으로 상승할 수 있어 인간에 치명적입니다. 대기오염이 심할수록 기억력과 주의력, 어휘력이 떨어지고 ADHD나 자폐스펙트럼 장애 발병률이 높아진다는 연구결과도 있습니다. 공기질지수AQI는 대기질의 위험도를 나타내는 지표인데, 2013년 중국에 닥친 에어포칼립스는 그 최종 단계인 500을 넘어 2배나 되는 993까지 기록하기도 했습니다.

아홉 번째는 '질병의 전파'입니다. 과학자들은 시베리아 빙하 속에 천연두와 선페스트균은 물론 다른 수많은 질병 역시 갇혀 있다고 추측합니다. 전염병학자들도 지구온난화 때문에 현존하는 질병이 장소를 옮기고 진화를 거듭할까 두려워한다고 합니다. 전염병의 세계화가 될 수 있다는 겁니다. 지카바이러스는 지구 온난화가 질병의 변이를 일으킨다는 것을 보여준 사례입니다. 저자는 좋은 박테리아도 기후변화에 비슷한 방식으로 반응해 순식간에 병균으로 돌변할 수도 있다고 말하기도 합니다.

열 번째는 '경제의 몰락'입니다. 2018년 세계은행은 탄소 배출량이 현재 추세대로 유지되는 경우 남아시아 전역에 살고 있는 8억 명의 생활수준이 급격히 추락하고, 10년 내 전 세계 인구 중 1억 명이 극심한 빈곤으로 내몰릴 것이라고 보고했습니다. 기후변화는 완전히 새로운 차원의 경제적 퇴보를 불러일으킬 것이라고 저자는 경고합니다. 대침체나 대공황이 아니라 경제적 측면에서 대몰락Great Dying을 가져올 것이란 얘기입니다. 이와 함께 지구온난화는 전 세계적으로 노동생산성도 약화시킬 것이라고 말합니다. 기후변화 때문에 기술혁신의 영향력이 줄거나 완전히 상쇄되어 이제까지의 효율성과 생산성을 갉아먹게 된다는 것입니다.

열한 번째는 '기후분쟁'입니다. 기온이 0.5도 상승할 때마다 무력 분쟁이 일어날 가능성이 10~20% 증가할 수 있다고 합니다. 온도 상승으로 인해 수중에 잠기거나 폭염에 더 이상 살 수 없는 지역의 거주민들이 '거주할 수 있는 땅'을 찾아 나설 경우 영토 분쟁은 불가피해질 것이기 때문입니다. 1980년부터 2010년까지 다민족 국가에서 벌어진 분쟁 가운데 23%가 기상 재난이 닥친 시기에 발발했다고 합니다. 아이티나 필리핀, 인도, 캄보디아 등 농업 비중이 매우 높은 32개국은 향후 30년 동안 기후변화가 촉발하는 분쟁 및 소요 사태를 겪을 가능성이 극도로 높다고 합니다. 농업 국가들의 경제를 지탱해 왔던 작물이 더 이상 생산이 불가능하여 사회의 불안이 극에 달할 것이기 때문입니다.

열두 번째는 '시스템의 붕괴'입니다. 2018년 세계은행은 2050년까지 현재 탄소배출량 추세가 지속될 경우 사하라 이남 아프리카와 남아시아, 라틴아메리카 등 단 세 지역에서만도 1억 4000만 명 이상의 기후난민이 발생할 수 있다고 예측하였습니다. 또 유엔국제이주기구에서는 2050년까지 기후난민이 최대 10억 명까지 발생할 수 있다고 주장하기도 했습니다. 사회의 붕괴는 사회 구성원인 인간의 삶에 영향을 미치게 되는데, 비인간적인 생활조건이 '일상'이 된다면 아이들의 발육이 멈춰지고 인류의 정신건강이 피폐해질 수 있다고 합니다.

저자는 12가지의 형태로 분류되는 기후재난은 선진국, 중진국, 빈국을 가리지 않고 찾아올 것이라고 말하며 기후재난이 두 가지 흐름을 가속화시킬 것이라고 말합니다. 하나는 세계적인 경제침체로 인해 일부 지역은 영구적인 불경기가 닥친다는 것이고, 둘째는 부자보다 가난한 사람들이 더 큰 피해를 입어 소득불평등이 점점 더 악화될 것이란 점입니다. 저자는 기후변화를 부정하는 것만큼이나 종말론이 문명의 기반을 갉아먹는 요소라며 출현 가능성을 경계하였으며, 기후변화 위기감으로 생태계를 위해 어떤 희생도 마다 않는 에코파시즘이 출현하는 데 대해서도 경계하였습니다.

끝으로 '탄소포집 기계'나 '행성 이주 계획' 등 자본과 기술력만으로 기후변화에 대처하는 것은 망상에 가깝다고 말했습니다. 그러면서 저자는 우리 모두가 숨이 막힐 정도로 막대한 고통을 나눠 갖지 않으려면 모두가 책임을 나눠 가져야 한다며 '온 세계가 한 사람으로 행동해야 한다'고 주장하였습니다. 지구와 인류를 '한 사람'처럼 생각하는 관점으로 접근해야 한다고 본 것입니다.

노명호 선생님의 도서 활용방안

'2050 거주불능 지구' 생각만 해도 등골이 오싹해지는 제목입니다. 오늘날 많은 사람들이 예상은 했지만 이렇게 빨리 지구의 종말, 아니 인간의 종말을 맞이해야 한다니! 기온이 250도까지 치솟고 매일 황산비가 내리는 지구! 나를 포함해 그때까지 살 수 있고 살아갈 사람들에게는 상상만으로도 끔찍한 악몽입니다. 저자는 여러 데이터를 자료로 제시하면서 지구온난화로 발생하는 자연환경의 변화와 이에 따른 사람들의 모습 변화를 12가지 재난으로 나타내고 있습니다. 12가지 재난의 뿌리를 찾아보면 기온상승에 닿아있음을 발견하게 됩니다.

저자는 이러한 기후재난이 두 가지 흐름을 가져온다고 하는데, 첫째는 세계적인 불경기이고, 둘째는 소득불평등의 심화입니다. 종말론이나 에코파시즘의 출현을 경계하면서도 '탄소포집기계'나 '행성이주계획' 등 자본과 기술력만으로 기후변화에 대처하는 것은 망상이라 치부합니다. '결국 한 세계가 한 사람으로 행동해야 한다'라는 주장을 펼치며 특정한 영웅에 의한 구원이 아닌 '우리의 책임으로 거주불능의 지구를 거주가능의 지구로 되돌리자'라고 메시지를 보내고 있습니다.

깨어난 그리고 깨어있는 한 사람 한 사람들이 서로서로 연대하고 실천하지 않는다면 저자의 제목은 예언이 될 수 있을지도 모릅니다. 위기를 깨닫고 나 자신부터, 우리부터 지구를 살리는 모든 노력을 해달라고 말하는 저자의 외침을 들어보길 기대합니다.

신건철 선생님의 도서 활용방안

기후변화에는 빈부격차와 차별이 없습니다. 21세기에 들어서면서 지구는 점차 뜨거워지고 있습니다. 지구온난화, 오존층, 해수면 상승 등 주기적으로 기후변화의 결과 때문에 생기는 피해들이 우리에게 전해집니다. 기후변화로 가장 큰 피해를 입은 사람들은 섬에 사는 사람들입니다. 그중에서도 투발루라고 하는 나라는 해수면 상승으로 인해 전 세계 최대의 기후난민이라는 오명을 뒤집어썼습니다.

그런데 중요한 것은 투발루 사람들은 기후변화의 가장 큰 원인이었던 온실가스 증가와 접점이 거의 없다는 것입니다. 즉, 기후변화로 인한 피해는 전 세계적으로 공평하게 일어난다는 것입니다. 그래서 이 책은 기후변화로 인한 12가지 재난을 제시하면서 전 세계적인 공동의 노력을 강조했습니다. 지속해서 기후가 따뜻해진다면 대부분의 나라가 피해를 입을 것이고, 그 피해는 빈부를 가리지 않고 나타날 것이라는 겁니다.

저자는 마지막으로 전 인류가 고통을 분담하며 책임을 나눠서 지는 '한 사람'처럼 노력하여 문제 해결을 해야 한다고 말합니다. 기후변화는 남의 일이 아닙니다.

이재환 선생님의 도서 활용방안

이 책은 이미 시작된 기후변화의 부정적인 미래 시나리오를 통해 인류에게 경종을 울리고 있습니다. 기후변화는 한가로이 논쟁해야 할 대상이 아니라 인류가 살아남기 위한 생존 방안이라고 저자는 말하고 있습니다. 만약 지금 당장 위기를 직면하고 해결책을 제시하지 않는다면 12가지의 형태로 분류되는 기후재난은 결국 경제침체로 이어지고 부자보다 가난한 사람들이 더 큰 피해를 보아 소득의 양극화로 나타나리라 예측합니다.

그리고 2050년이 되면 지구는 더 이상 거주할 수 없는 '거주불능지역'으로 변하게 되고 인류의 대멸종이라는 결과에 도달합니다. 2050년은 결코 머지않은 미래입니다. 기후변화를 막기 위해서는 우리 모두의 실천이 절실합니다.

이 책은 21세기를 살아갈 이 시대의 주인공인 청소년이라면 꼭 읽어보고 기후변화를 막는 방안을 실천으로 옮기는 데 필요한 매우 유용한 책이라고 생각합니다.

독후감

최근 전 세계를 강타한 COVID19는 치명적인 바이러스임과 동시에 인간이 그동안 얼마나 지구를 괴롭혀왔는지 보여주는 계기가 되었습니다. 자동차와 항공기가 멈추고 공장과 가게가 문을 닫으면서 세계 최악의 대기오염 도시 20개 중 인도에 있는 도시는 14곳에서 2곳으로 뚝 떨어졌으며, 인도 북부의 잘란다르 주민들은 수십 년 만에 처음으로 200km 밖의 히말라야 다울라다르 산맥을 선명하게 볼 수 있게 되었다고 합니다. 18세기 산업혁명 이후 인류는 무서운 속도로 경제적인 발전을 이룩하였고, 그 결과 우리의 삶은 풍요로워졌지만 그 이면에는 파괴되어 가고 있는 지구가 있었던 것입니다.

이 책은 기후 변화가 인류 역사상 최대의 위협일 뿐만 아니라 종류나 규모 면에서 완전히 차원이 다른 위협이라고 주장합니다. 이에 우리가 환경과 기후변화에 대한 경각심을 넘어서 공포심을 느껴야 한다고 말합니다. 이를 위해 우리가 바꾸어야 할 것은 개개인의 작은 변화뿐만 아니라 기업, 정부를 넘어서 전 세계적으로 행해지는 모든 것들이라고 말합니다.

가장 인상 깊게 읽었던 부분은 2부의 '질병의 전파'입니다. 과학자들은 시베리아 빙하 속에 수많은 바이러스가 갇혀 있다고 추측하는데, 지구온난화로 인해 빙하가 녹으면서 새로운 질병이 전 세계로 전파될 수 있습니다. 저자는 미래에 새로운 바이러스와 함께 인류를 위협해 왔던 질병이 세계를 휩쓸 것으로 예측합니다. 세계은행에 따르면 2030년에는 36억 명에 달하는 사람들이 말라리아에 노출될 것이라고 보았는데 그중 반은 온전히 기온 상승 때문일 것이라고 합니다.

이제 지구온난화는 북극에서나 해당하는 이야기가 아닙니다. 전염병이 세계로 퍼지면 수많은 인류가 질병이라는 재난을 피할 수 없게 될 것이며, 전문적인 의료 서비스와 인력 구축이 필요해질 것입니다. 그런데

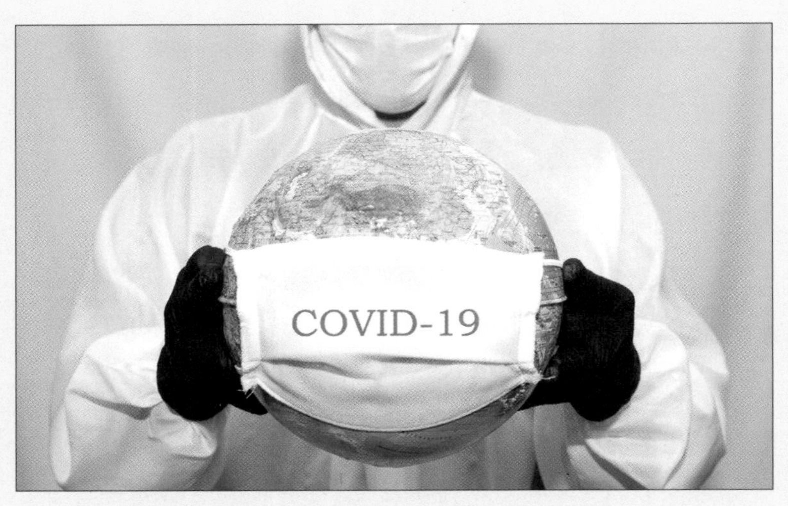

전 지구적인 코로나 바이러스의 확산은 세계적인 패닉을 몰고 왔다. 산업, 정치, 생활 모든 곳이 변하고 있다.

도 지구의 환경을 적극적으로 보호하지 않는 이유는 자연을 보호하는 만큼 인간이 포기해야 하는 것들이 늘어나고, 미래에는 환경을 지킬 수 있는 해결책이 발견될 것이라는 막연한 생각 때문입니다.

우리는 전 세계적인 전염병 속에서 살아남기 위해 마스크를 쓰고 있고, 이러한 작은 행동에도 답답함과 불편함을 느끼고는 합니다. 당장 자신의 위생이 걸린 일에도 느슨해지기 마련인데 자연 보호를 위해서 앞으로 우리가 얼마나 더 많은 것들을 포기하고 살아야 할지 가늠하기도 쉽지 않습니다. 그러나 절망 속에도 희망이 존재한다는 말이 있듯이, 지구를 병들게 한 주범이 인간이라면 되돌려 놓을 수 있는 것도 인간뿐이라고 생각합니다.

노명호 선생님의 독후활동 평가

이 책은 기온상승, 지구온난화로 인한 환경오염과 인간생활의 어려움을 다루고 있습니다. 그런데 서문에서 아직 원인이 완벽히 규명되지 않은 코로나로 이야기를 시작하여 혼동의 소지가 있습니다. 마지막 문단에서는 전문적인 의료서비스 인력 구축 필요를 말함으로써 기온상승으로 일어나는 일련의 재난들에 해당되지 않는 예외를 적용하고 있습니다.

결론적으로 글이 원 글의 주요 제제인 기온상승, 지구온난화에 대해 이탈되어 있어 주위를 분산시키는 것이 아쉽습니다.

신건철 선생님의 독후활동 평가

지구 온난화로 인한 피해를 COVID19의 영향으로 맑아진 대기질에 대입해 표현한 부분이 인상적이었습니다. 실제로 전 세계적으로 공장이 멈추면서 공기가 맑아지는 경향이 있다고 하는데, 그런 부분을 인류가 자연을 파괴하고 있음을 간접적으로 알 수 있도록 표현했습니다. 그리고 책에 제시된 12가지 재앙 중 지구 온난화로 인해 북극 빙하가 녹는 현상과 북극 빙하 속에 있는 잠들어 있는 바이러스로 인한 전염병을 융합해 전염병의 무서움을 전달한 부분 역시 매우 인상 깊었습니다.

21세기에 들어서기 전부터 오존층과 지구온난화는 매해 이슈입니다. 그래서 모든 사람이 경각심을 갖고 노력한다고 하지만 우리 자신에게 실제로 와 닿지 않는 주제이기에 그 노력이 지속적이지 않은 경우가 많았습니다. 또한 문명의 이기로 만들어진 편리함으로 인해 자연을 지키기에는 잃은 것들이 너무 많다고 느끼기도 했습니다. 하지만 '지구를 병들게 한 주범이 인간이라면 되돌려 놓을 수 있는 것도 인간이라는 말'처럼 기후변화로 인한 피해는 결국 인간에게 올 것이고, 그 피해를 극복하는 것 역시 인간의 숙제로 남을 것입니다. 절망 속에서도 희망은 존재합니다. 전 인류가 힘을 합쳐 문명을 이룩했던 것처럼, 이제는 힘을 합쳐 자연을 보존해야 할 때라는 것을 잘 표현했습니다.

이재환 선생님의 독후활동 평가

기후 변화의 위기를 '코로나 19 바이러스'와 연관 지어 제시함으로써 글을 읽는 사람에게 호기심을 유발할 수 있도록 흥미롭게 접근한 점이 눈에 띕니다. 또한 '기후 변화'가 막연한 개념일 수 있지만, 현재 전 세계의 일상을 변화시킨 코로나 19와의 관련성을 제시함으로써 기후 변화도 코로나 19처럼 위험하다는 인식을 심어주기에 충분해 보입니다.

"절망 속에도 희망이 존재한다는 말이 있듯이, 지구를 병들게 한 주범이 인간이라면 되돌려 놓을 수 있는 것도 인간뿐이다."

이 말처럼 기후변화의 주체인 인간만이 기후변화 문제를 해결할 수 있다는 표현이 매우 인상적입니다.

사회과학의 분석기법으로 한국의 미래를 만나다 『미래 시나리오 2021』

미래 시나리오 2021 : IMF, OECD, 세계은행, UN 등 세계 국제기구가 예측한 한국 대전망
김광석, 김상윤, 박정호, 이재호 저 | 더퀘스트 | 2020. 05.

책 핵심구절

"최근 코로나19 사태로 인해 새롭게 주목받는 대표적인 산업은 보건 산업이다. 특히, 과거 노동집약적 제조업으로 평가받아 주로 개도국 혹은 제조업 중심 국가에서 담당하던 마스크 산업을 최근 많은 국가들이 주목하고 있다. 과연 향후 선진국들은 개도국에서 생산해내는 마스크에만 계속 의존할 수 있을까? 음압 병상, 체온계, 구급차도 마찬가지다. 향후 전 세계 주요 국가들은 보건산업 특히 보건 장비, 도구 제조업을 중심으로 자국 내 혹은 권역 내 수요 충당을 위한 공급체계를 만들 것으로 예측된다. 화장지와 같은 필수재도 마찬가지다."

"사재기로 인해 심각한 화장지 부족을 경험한 일부 선진국에선 몇몇

기업들이 새롭게 사업 진출을 검토하고 있다는 소식도 들려온다. 라면과 같은 가공식품 산업 그리고 '마켓컬리 열풍'으로 대변되는 비대면 식품 유통업의 경우에도 바이러스 창궐로 인해 오히려 득을 본 영역들이다. 이렇게 바이러스 특혜를 받은 일부 산업들의 경우 코로나19 사태가 끝난 이후에도 '보건 중시, 비대면 우위'라는 세계적 수요 변화 흐름 속에 과거 대비 증가된 수요로 인해 새로운 성장 기회를 잡을 것으로 보인다."

의생명 분야 연결

✖ 서울대학교 보건대학원 보건정책관리학과 소개

보건정책관리학 전공은 보건의료 문제들에 대한 정책 분석과 경영관리에 대한 전문적 연구를 수행하고 있습니다. 세부전공으로는 보건경제학, 보건사회학, 보건정책학, 보건정치경제학, 도시·지역사회·건강증진, 고령화보건정책학 및 보건서비스연구, 보건의료 조직 및 관리학, 국제보건정책학이 있습니다.

1) 보건경제학

- 보건의료자원을 배분을 위한 정책결정 과정에서 합리적인 근거를 제공하는 학문
- 보건의료정책을 결정하는 과정에서 경제학의 분석기법 및 모형을 접

목시킨 응용경제학 분야

- 보건의료지출에 관한 연구 및 의료비의 증가를 억제할 수 있는 제반 조건 분석
- 보건상의 위해를 경제적인 손실규모로 추계
- 빈곤층에 대한 형평성 있는 자원 배분을 위한 연구수행

2) 보건사회학

- 건강과 질병으로 매개되는 사회적 관계를 분석하고 이해하는 학문
- 지역사회의 건강상태를 진단하고, 보건교육 및 정책의 기획과 사업수행의 근거를 제공하는 분야
- 건강 및 질병에 관련된 사람들의 인식과 행동 분석
- 건강과 질병 및 의료문제를 사회구조적 특성이나 집단 간 사회관계의 측면에서 고찰하고 분석

3) 보건정책학

- 건강 및 보건의료와 관련된 정책 전반을 배우고 연구하는 학문
- 의, 약, 보건학적 지식과 사회과학적 원리를 통합적으로 적용하여 보건의료 정책을 분석/평가하는 분야
- 보건의료정책의 기본개념과 가치, 정책결정, 정책개발, 분석과 평가 등을 연구하고 학습
- 가장 효율적으로 지역사회 주민들의 건강향상을 도모하는 성공적인 정책집행과 분석능력 함양

4) 보건정치경제학

- 경제학과 정치학적 관점 및 방법론을 이용하여 보건의료체계와 보건정책을 연구하는 학문
- 정치경제학적 관점을 이용해 국내 보건의료제도 설계, 분석 및 평가
- 국가 간 보건의료정책과 제도의 비교 분석
- 복지국가 및 거시적 관점의 보건의료정책, 후진국 건강보장제도 개발

5) 도시·지역사회·건강증진

- 포괄적이고 총체적인 건강증진을 위한 지역사회의 참여와 협력시스템 개발에 중점을 둔 학문
- 사회생태학 모델링, 지역사회의 특성과 요구에 맞춘 다단계 건강증진 기획 과정 수행
- 지역사회 기반 참여연구 및 평가 기법과 질적 연구방법 활용

6) 고령화 보건정책학 및 보건서비스 연구

- 인구 고령화 및 고령사회를 보건학적 관점에서 연구하고, 미래의 건강과 돌봄 이슈, 그리고 이에 대응하는 보건의료-장기요양 정책과 시스템 및 서비스를 연구하는 학문
- 고령화와 연관된 일련의 보건 및 사회 환경 변화, 국내 및 국가 간 대응 정책 비교 분석
- 지속가능한 양질의 통합적 보건의료-돌봄요양시스템 설계, 성과 평가와 방법론 연구

- 건강에 대한 새로운 패러다임에 기반한 혁신적 건강·웰니스 서비스 개발, 분석, 평가

7) 보건조직과 건강커뮤니케이션

- 보건의료 조직학은 조직 현상의 발생 방식과 원인을 체계적으로 탐구하여 대안을 고민하는 학문
- 위험 연구는 개인과 사회의 건강 및 환경 위험 대응의 기전을 탐구하는 학문
- 조직과 조직 행동에 관한 이론을 토대로 보건의료 거버넌스 및 관리 문제 연구
- 위험 인식과 커뮤니케이션 이론을 토대로 다양한 건강 및 환경 위험 현상을 연구
- 헬스 리터러시 등을 활용하여 개인과 지역사회의 건강관리 수준 향상 방안 개발

8) 국제보건정책학

- 전 세계적 차원의 건강 향상과 형평성 달성을 위해 국가 간 경계를 넘는 보건문제들을 국제적 협력과 다학제적 접근법을 이용하여 연구하는 학문
- 국가 간 건강불평등 해소에 기여할 수 있는 정책을 분석, 평가
- 개발도상국 내 보건프로그램의 효과적 전달을 위한 포괄적 보건체계 강화 방안을 연구

– 각국의 문화적·사회경제적 상황과 국제협력 수준을 반영한 우선순위 설정 및 자원배분의 이론과 방법을 개발

내용 요약

서론

세계 국제기구들의 보고서를 통해 2021년의 미래를 객관적으로 들여다봅시다. 이 책을 통해 우리는 세계 속에서의 현재 위치를 확인할 수 있습니다. 세계는 어떻게 흘러가고, 그 속에서 한국은 어떠하며, 나는 어디에 있는지 보게 됩니다. 세계 국제기구들의 관점은 정책과 기업 경영의 의사결정에도 반영되어야 하며, 주요국들의 움직임 속에서 한국의 올바른 방향성을 이해할 수 있습니다.

2021년의 급변하는 경영 환경을 살피고, 이에 걸맞은 전략을 도출하는 것이 중요합니다. 이 책은 크게는 경제, 산업, 사회, 정책으로 분야를 나누어 2021년의 트렌드를 예측하고 있으며 경제 안에서도 어떻게 미래를 준비해야 하는지에 대한 다양한 통찰이 담겨 있습니다.

① 경제

2019년에는 다양한 악재가 발생하면서 세계 경제가 상당히 불확실했습니다. 무엇보다 미·중 무역분쟁 격화가 세계 경제를 위협했고 일본의 대 한국 수출규제라는 새로운 악재도 등장하였습니다. 여기에 홍

질병관리본부 전경. 향후 질병관리청 승격을 통해 감염병 사태의 컨트롤타워 (보건정부)의 역할이 기대된다.

콩 우산시위가 긴장감을 고조하는 한편 영국의 신임 총리 보리스 존슨이 2019년 10월 말 브렉시트를 강행해 많은 기업이 영국에서 이탈하면서 대외리스크가 확대되었습니다.

그리고 2020년 이런 악재 속에서도 완만한 회복세를 보이던 세계 경제에 코로나19로 인한 팬데믹 충격이 가해지기 시작했습니다. 미국과 유럽을 비롯한 주요 지역별 경제 충격을 분석한 결과 주요국의 마이너스 성장이 불가피하다고 예측하였습니다.

그렇다면 2021년의 세계 경제는 구조적으로 어떠한 변화가 있을까요? 과거의 한국 사례에서 답이 보입니다. IMF 외환위기 당시에는 외환 건전성을 확보하고 금융시장 감독 기능을 강화해 왔으며 일본의 무역보복 사태에서는 소재, 부품, 장비의 국산화 정책을 추진하기 시작했습니다. 같은 맥락에서 전염력이 강한 코로나19가 휩쓸고 지나간 뒤에는 감염병에 잘 대응한 나라가 두각을 나타낼 가능성이 큽니다. 분명 급증한 보건과 방역 시스템 수요가 예전으로 돌아가지 않고 덧붙여 '비대면 진료', '디지털 플랫폼'에 대한 수요 레벨이 한층 올라간 채 계속 수요가 이어질 것입니다. 구체적으로 '구조적인 변화'는 2가지 양상으로 나타납니다.

첫째, 보건정부가 등장합니다. 2003년 사스, 2014년 에볼라, 2015년 메르스에 이어 코로나19까지 21세기에 들어 수차례 경제의 영역에 바이러스의 위협이 지속되어 왔습니다. 경제를 살리기 위해서 보건, 방역의 중요성이 무엇보다 중요한 상황입니다. 코로나19의 확산으로 음압병상, 음압 구급차, 체온계, 마스크와 같은 기본적인 방역 시스템부터 집중적인 투자와 연구가 필요한 약, 백신 개발까지 지속적인 연구개발과 시스템 구축을 위한 컨트롤타워의 등장이 필요해 보입니다. 과거와 같이 감염병이 생기면 연구개발에 돌입했다가 바이러스가 사라지면 중단되는 악순환이 반복되지는 않을 것으로 보입니다.

둘째, 비대면 서비스의 의존도가 높아질 것으로 보입니다. 코로나19의 영향으로 '사회적 거리두기'가 보편화되면서 특히 온라인 쇼핑과 게임 서비스, 비대면 진료에 대한 수요가 급증했습니다. 과거 젊은층의 향유물이었던 비대면이 반강제적으로 전 소비자층에게 확산되었습니다. 병원, 약국, 마스크보유량을 확인하기 위해 굿닥과 같은 플랫폼이 발달하고 있고, 간단한 진료나 지속적으로 처방받는 약은 비대면 의료를 통해 충분히 해결될 것으로 보입니다. 코로나19를 통한 비대면 서비스 경험은 코로나19 사태의 종료 후에도 지속될 것으로 예측됩니다.

② 산업

2021년 한국 산업은 두 가지 시험대에 오를 것으로 전망됩니다. 첫째, 코로나19 사태로 인해 전 세계 경기침체가 예견되는 상황에서 현재의 위기를 얼마나 빠르게 벗어날 수 있을 것인지, 둘째, 2016년 이후 4차 산업혁명이 영향력을 크게 확대해가는 흐름 속에 국가 산업의 새로운 혁신성장동력을 찾을 수 있을지가 중요할 것으로 보입니다.

최근 코로나19 사태로 인해 새롭게 주목받는 대표적인 산업은 보건 산업입니다. 특히 과거 로우테크, 노동집약적 제조업으로 평가받아 온 마스크 생산을 더는 개발도상국, 제조업 중심 국가에만 의존할 수 없을 것으로 보입니다. 또한 음압 병상, 체온계, 구급차와 같은 보건 장비, 도구가 원활하게 수급될 수 있는 공급체계를 갖추는 것이 매우 중요해졌습니다. 더 이상 과거의 GVC[Global Value Chain]의 질서처럼 소재, 부품, 장비, 연구개발은 선진국에서 제조, 조립은 개발도상국에서 진행되는 글로벌 분업구조가 이어지지 않을 것으로 보입니다. 미국 미시간대학교의 로버트 퀸 교수의 책 『딥 체인지』에서는 새롭게 도약하기 위해 기존의 룰을 바꾸는 '딥 체인지'의 필요성을 강조하고 있습니다.

새로운 시대를 주도할 산업의 키워드로 '탈경계', '초연결', '플랫폼기반'이 주목을 받고 있습니다. 탈경계란, 네이버와 같은 IT 회사가 자동

핀테크의 다양한 활용영역. 개인 금융을 넘어 투자나 국제거래까지 경제 전반의 디지털화가 가속되고 있다.

차 개발에 참여하고, 심지어 자동차는 4개의 바퀴가 달렸다는 고정관념에서 벗어난 새로운 것이 등장하게 될 것이라는 점입니다.

초연결이란, 사람 간 사람, 사람 간 기계, 기계 간 기계와 같이 세상의 모든 것이 연결되는 사회를 구축하는 것을 말합니다. 한국이 코로나19 확진자 동선을 파악해서 전 국민에게 알릴 수 있었던 것도 신용카드 기록, CCTV, 휴대전화 위치 정보 등 빅데이터로 정보를 수집해 실시간으로 확인할 수 있었던 것 덕분이었듯이 데이터의 투명성과 양방향성이 무엇보다 중요한 시대가 되었음을 보여줍니다.

마지막으로 플랫폼 기반은 기업의 비즈니스 역량이 반드시 기업 내에 존재할 필요 없이, 외부에서 찾아 적절히 활용할 수 있도록 하는 것을 말합니다. 이런 키워드를 바탕으로 유망한 산업이 바로 핀테크 산업과 AI 산업입니다. 핀테크 산업은 우리가 일상생활에서 쓰고 있는 토스, 카카오페이부터 금융 영역에 활용되는 수많은 기술산업을 총망라하고 있습니다.

핀테크 산업의 특징에는 한 가지 기술의 독보적 우위를 바탕으로 경쟁에서 살아남는 방식을 취하고 있는 일명 '언번들링'이 있습니다. 대표적으로 구글은 송금 분야에서 1등입니다. 철수라는 사용자가 구글 어시스턴트에게 "OK Google! 영희에게 100만 원 송금해줘."라고 하면, 구글 어시스턴트는 목소리를 인식해 철수 본인을 인증하고 영희의 계좌정보, 연락처를 검색해 정확히 송금합니다. 이 과정에서 우리는 한 치의 의심도 하지 않습니다. 구글이 디지털 분야에서 쌓은 신뢰를 바탕으로 송금서비스를 하고 있기 때문입니다.

반면 한국은 아직 은산분리를 하지 않았기 때문에 때문에 핀테크 산업이 빠르게 성장하지 못한 부분이 있습니다. 핀테크 산업은 기존 은행과 테크회사의 합작품입니다. 그렇기 때문에 현행 제도 아래에서는 핀테크 부서의 기능만 기업 안에 존재하게 되는데 이럴 때 혁신적인 성장을 일궈내기 서비스가 강조되고 있는 현재 시점에서 다양한 금융서비스가 등장하고 경쟁하고, 새롭게 융합되면서 신산업 창출기회를 많이 늘려야 합니다.

그리고 정보화, 데이터 시스템 구축, 비대면을 통해 모인 엄청난 양의 데이터는 AI의 한 종류인 머신러닝의 좋은 재료가 되어 온라인상의

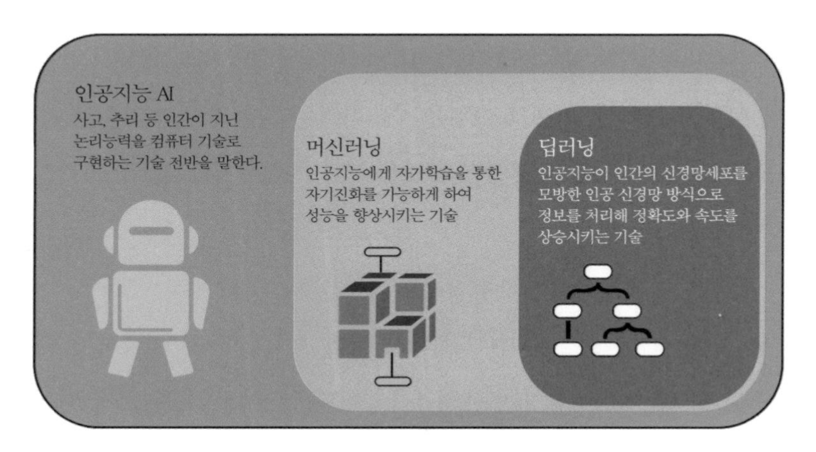

인공지능의 종류와 머신러닝, 딥러닝에 대한 설명

새로운 맞춤형 서비스가 대거 등장할 것으로 보입니다.

2020년 2월 MBC 휴먼다큐멘터리 〈너를 만났다〉에서 3년 전 혈액암으로 갑자기 세상을 떠난 나연이를 AI와 가상현실로 다시 만나는 과정을 영상에 담았습니다. 제작진에 따르면 나연이의 생전 모습을 구현하기 위해 모션 캡처, AI 음성인식, 딥러닝(인공신경망 기반 머신러닝) 등 다양한 최신 기술을 사용했다고 합니다. 나연이를 다시 만난 어머니의 모습을 본 시청자의 관심은 뜨거웠습니다. 아마 멀게만 느껴졌던 AI가 우리 삶으로 한발 가까이 다가온 것을 체감할 수 있었기 때문일 것입니다.

이렇게 AI는 분야를 가리지 않고 우리 생활을 디지털로 전환하는 핵심 역할을 맡고 있습니다. 넷플릭스, 왓챠를 비롯한 온라인 동영상 서비스는 사용자의 과거선택을 머신러닝으로 학습해 사용자가 좋아할 만한 콘텐츠를 우선으로 추천해 주고 있습니다. 또한 우버나 카카오T와 같은 모빌리티 플랫폼도 방대한 양의 이동 수요와 공급 데이터를 머신러닝의 재료로 사용해 최적의 이동을 만들어내고 있습니다. 2020년 코로나19 사태에서도 AI는 머신러닝 기능과 딥러닝 기반 기술을 사용하여 감염병 예방 및 치료, 그리고 백신 개발까지 도움을 주며 곧 우리 삶의 일부가 될 것을 예고하고 있습니다.

③ 사회

2019년 1월 1일, 독일은 유럽 국가 최초로 제3의 성을 허용했습니다. 이에 따라 출생증명서와 여권은 물론 각종 공공서류에 남성도 여성도 아닌 간성에 해당하는 성별을 표기할 수 있도록 다양성 항목을 만들었습니다. 한국에서도 2020년 1월, 육군에서 복무 중이던 변희수 하사가 커밍아웃을 하면서 성전환 수술을 받은 사실을 고백하였습니다. 2019년 3월에 이미 국가인권위원회가 남성, 여성, 트렌스젠더 남성, 트렌스젠더 여성 외에 '지정하지 않은 성별'칸을 추가하기로 하는 등 인권적 진보는 진행되고 있지만, 아직 우리 사회는 제3의 성을 어떻게 받아들여야 할지에 대한 심도 있는 고민과 사회적 합의가 필요한 시점입니다.

최근 UN이 발표한 통계를 보면 제3의 성에 속하는 LGBT는 전 세계 인구의 약 0.5%~1.7%를 차지하며 이들의 비중은 꾸준히 증가하고 있다고 합니다. 하지만 전 세계적으로 성소수자를 향한 인식이 부족하다는 것은 설문조사 결과에도 여실히 드러나며 아직도 사회적 편견, 차별, 부당한 대우를 받고 있는 것이 사실입니다.

한국도 이러한 문제점을 안고 있지만 2020년부터 '격차'문제 해소를 위해 많은 노력을 기울이고 있습니다. 성소수자 문제뿐 아니라 베이비붐 세대와 X세대 간의 격차, 지역 간 격차, 빈부격차 등 다양한 사회적 기준에 따른 다름을 인정하고 포용하려는 사람이 늘어나고 있습니다. 개인 간의 다름은 최소한의 인격권으로 존중받아야 할 영역이므로 소모적인 사회적 갈등을 줄이기 위해 우리 사회가 꼭 해결해야 할 주요한 이슈입니다.

우리나라는 자살률 1위라는 불명예를 안고 있습니다. 앞서 이야기한 성소수자 문제와 같이 사회적 차별이 심각한 문제도 있겠지만, 복합적으로 보면 세대별, 계층별로 다양한 양상을 보이고 있어 원인을 다각적으로 분석하여 중장기적인 해결책을 시급히 마련해야 합니다. 예를 들어 빈곤에도 절대적 빈곤과 상대적 빈곤이 존재합니다. 삶을 영위하기 위해 최소한의 조건이 갖춰지지 못한 상태를 절대적 빈곤이라고 합니다. 대개 아프리카와 같은 최빈국 국가에 절대적 빈곤 인구 비율이 높습니다.

하지만 자살은 물질적으로 풍요로운 한국에 더욱 많습니다. 상대적 빈곤에 의한 박탈감을 느끼기 때문입니다. 자살의 원인은 이처럼 단순하지 않고, 사회적, 심리적으로 복잡하게 얽혀있습니다. 그리고 2020년 코로나19에 의한 코로나블루도 사회적으로 치료해야 할 중요한 과제로 자리매김하였습니다. 사회적 거리두기, 경제 침체, 감염 위험에 따

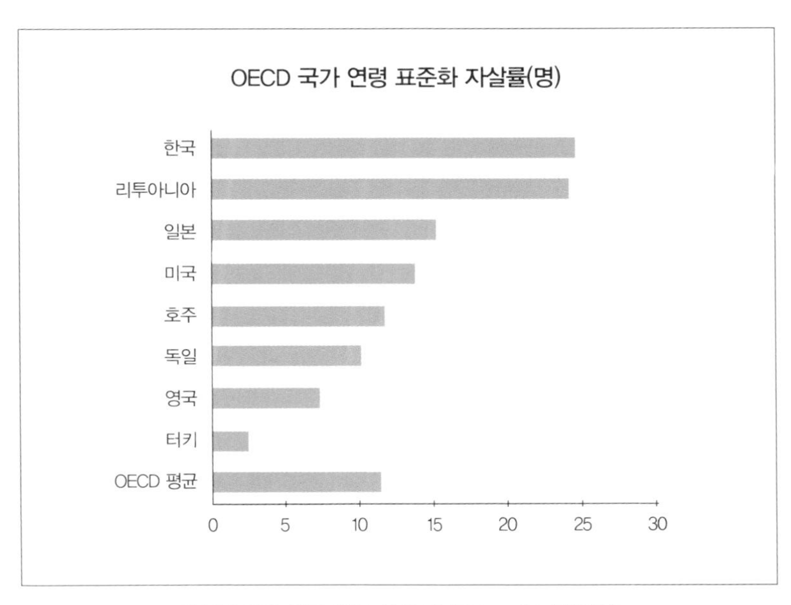

자살률 통계, 제작 KBS, 출처 OECD law data(2019년)

른 심리적 불안감 등 다양한 심리문제에 대한 국가적 차원의 치료 노력이 요구되고 있습니다. 이번 사태를 계기로 바이러스로 인해 나타나는 정신질환자에 대한 상담, 치료, 관리 체계가 새롭게 점검되는 계기가 될 것으로 기대됩니다.

④ **정책**

2020년 코로나19는 농업 분야에도 큰 타격을 주었습니다. 대표적인 노동집약적 산업인 농업이 외국인 노동자 입국이 어려워지면서 인력 부족으로 이어졌기 때문입니다. 결혼식, 졸업식, 장례식의 축소로 화훼농가도 어려움을 겪고 있고, 학교 급식이 중단되면서 농수산물 생산,

유통이 어려워지고 있습니다.

이런 양상은 소규모 형태의 고령화된 우리나라의 농작 현실에서 비롯된 것으로 선진국들은 이미 체계적이고 기술집약적인 농업산업으로 발전시켜 왔습니다. 자율주행차, AI만큼 주목받는 산업은 아니지만 먹고사는 기본적인 문제를 해결하므로 꾸준하게 수요가 존재하며 중요하게 인식되는 산업입니다. 한국은 보조금 위주의 농업보조 정책을 변화시켜야 합니다. 초대형 농업기업은 생산성 향상을 위해 무엇보다 종자산업에 주목해 왔습니다. 지금 '금'보다 비싼 고가의 물건으로 변한 것이 '씨앗'입니다. 과거에는 언제든 원하면 구할 수 있었지만, 지금은 로열티를 내고 구매해야 하는 고부가가치 재화로 바뀌었습니다.

현재 세계 종자 산업 규모는 40조 원대에 이릅니다. 심지어 연 5%씩 지속해서 성장하고 있는 미래 산업 중 하나입니다. 최근 OECD가 주요 국가들을 대상으로 농업 생산성 향상을 위해 일관성 있게 노력할 것을 독려한 사실을 주목해야 합니다.

그리고 농업을 농업에만 국한하지 말고 바이오산업으로 확대해서 봐야 합니다. 의학의 영역이 예방의학으로 확대되는 추세 속에서 병이 생긴 뒤 약을 먹는 것에서 질병을 예방하는 식품을 먹는 것에 관심이 집중되고 있습니다.

예를 들어 당뇨가 걸리기 전에 사람들에게 당뇨를 예방하는 먹거리를 제공하는 방식입니다. 독일의 다국적 제약회사 바이엘은 전 세계에서 종자, 품종 라이센스를 가장 많이 보유한 몬산토를 인수해 제약의 미래 100년을 설계하는 중입니다. 미래의 반도체로 각광받는 바이오 산업을 위해 농업 분야부터 정책적으로 육성하고 관리하는 것이 매우 중요합니다.

김이헌 선생님의 도서 활용방안

코로나19사태가 장기화되고 있는 지금, 평범하게 생활했던 일상이 그리워지고 있습니다. 학교에서는 사상 최초로 4월 개학 및 수능 연기까지 이루어진 상황이며, 온라인과 오프라인 수업을 병행하고 있는 등 우리는 코로나19시대에 살고 있습니다.

'미래 시나리오 2021'에서는 코로나19 사태와 팬데믹을 겪은 2021년은 어떤 모습일지 미래의 전망을 예측하고 있습니다. 경제, 산업, 사회, 정책 파트 각 분야별로 나누어 세계는 어떻게 흘러가는지, 우리 한국은 어떠한지 다양한 통찰이 담겨있는 책입니다.

포스트 코로나 시대를 대비하여 우리의 미래를 위해서 어떠한 준비를 해야 할지 방향성에 대해 생각해 볼 수 있었습니다. 여러분 또한 가깝고도 먼 2021년을 조금이나마 심도 있게 생각해 볼 수 있는 기회의 장이 될 것이며, 이 책이 많은 도움을 줄 수 있을 것이라고 생각합니다.

이효은 선생님의 도서 활용방안

최근 코로나19사태로 인해 우리의 삶은 많이 달라졌습니다. 당장 우리와 직결되는 학교만 하더라도 학생들이 학교에 가지 않고 집에서 온라인 수업을 받습니다. 학교 이외에도 세계 전역의 흐름은 과거와는 다르게 빠르게 변화하고 있습니다. 이런 시대에 살고 있는 우리가 손을

놓고 아무것도 하지 않는다면 우리는 급격히 변화하는 세계 속에서 도태될 수밖에 없습니다.

성공적으로 2021년을 맞이하기 위해 우리는 어떤 대비를 해야 할까요? 이 책에서는 경제, 산업, 사회, 정책으로 분야를 세부적으로 나누어 설명을 하고 있으며 2021년의 트렌드를 예측하고 있습니다. 특히 여러분은 진로에 대한 고민도 많을 시기라고 생각합니다. 우리가 앞으로 살아 갈 사회를 잘 파악해야 미래의 유망 직업에 대해서도 잘 알 수 있지 않을까요?

이를 위해 이 책을 읽게 된다면 여러분은 현재 세계의 동향을 파악할 수 있고, 세계를 보는 시야가 더더욱 확장될 것입니다. 저 역시 미처 알지 못한 부분까지 이 책을 통해 깨닫게 되었으니까요.

이희진 선생님의 도서 활용방안

미래 전망 시나리오는 이를 예측하는 전문가들의 분야만큼이나 다양합니다. 이러한 미래 전망 시나리오를 시간이 지나고 검토해 보면 실현된 것도 많겠지만, 그렇지 않은 것도 꽤나 많답니다. 많은 예측이 빗나갔다 하더라도, 미래에 대해 전망해 보는 일의 가치는 여러 가지 이유로 유의미합니다.

가장 중요한 지점은 인류가 부가가치를 창출하고, 생계를 꾸려 가기 위해 어떤 산업을 어떤 방향으로 육성해야 하는지에 대한 문제와 큰 관련이 있습니다. 그리고 이는 결국 여러분의 진로 설계와 밀접한 관련이 있지요.

가령 대한민국의 고등학교에는 수학, 과학을 중점적으로 공부한 학생들이 많이 있겠지만, 그들이 걷는 진로는 엇비슷하면서도 다양합니다. 그리고 그 다양성을 도모하는 것은 사회적으로 꼭 필요한 일이며, 이는 다양한 분야에서 내놓았던 미래에 대한 다양한 시나리오들을 토대로 하고 있습니다.

학생들이 이 책을 읽게 된다면 최근 사회 이슈를 잘 반영하고 있는 수많은 미래 전망 키워드를 접하게 될 것입니다. 이 키워드들은 각각이 여러분의 탐구 주제가 될 수 있으며, 진로 탐구의 구체적인 단서가 될 수 있습니다.

예를 들어 '마스크'는 '코로나19'로 인해 많은 사람들의 관심 소재가 되었습니다. 수많은 기업이 마스크 생산 및 유통 시장에 뛰어 들었고, 유수의 연구 기관에서 바이러스를 잘 막으면서도 내구성이 뛰어나며, 경제적인 가격으로 공급 가능한 마스크 소재를 연구하기도 했습니다. 수많은 사람들이 짧은 기간 이 분야에 뛰어들었지만, 모두가 100% 만족할만한 대안은 아직 나오지 않았습니다. 이는 결국 아직 '마스크'만 가지고도 연구할 수 있는 것들이 남아 있다는 것이겠지요. 그리고 이 지점이 여러분의 탐구 과제이자 구체적 진로가 될 수 있는 것입니다.

이 책의 다양한 미래 전망 시나리오를 토대로 여러분만의 탐구 주제의 단서를 찾아보시기 바랍니다.

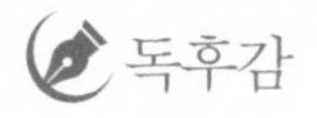

코로나19를 예측한 사람은 그 누구도 없습니다. 하지만 코로나19를 포함한 미래의 문제를 해결해야 할 주역은 우리입니다. IMF, OECD, UN 등 저명한 세계 국제기구가 예측한 세계와 한국의 전망을 보면서 세 가지 사실을 발견하였습니다.

먼저 세계가 협력하지 않으면 위기를 극복할 수 없다는 것입니다. 코로나19를 극복하기 위해 수많은 약물과 백신이 개발되고 있지만, 세상에 없던 치료물질을 단숨에 만들어내는 것은 불가능합니다. 그래서 기존에 위험성이 보장된 의약 물질을 활용하여 새로운 신약을 개발하는 '신약개발 플랫폼'이 무엇보다 중요해졌습니다. '신약개발 플랫폼'처럼 세계가 데이터를 개방하고 공유하며 협력했을 때 갑작스러운 위협을 빠르게 대처할 힘이 생겨나는 것입니다. 미·중 무역갈등, 브렉시트 등으로 얼룩진 국제 협력이 코로나19로 새로운 갈림길에 서 있게 됨을 알 수 있었습니다.

빅데이터 정보도 개방과 공유라는 협력을 통해 코로나19 확진자 동선을 신속하게 알아냈듯이 연대를 통한 협력과 개방이 문제 해결의 새로운 열쇠가 될 것으로 보입니다. 두 번째는 이제는 과거의 구조적 질서가 유효하지 않다는 것을 알게 되었습니다. 경제적 논리만 따져 생산기지를 국외로 옮긴 많은 기업이 리쇼어링을 통해 모국으로 돌아가고 있습니다. 코로나19 초기에 중국의 산업시설이 마비되면서 기업 운영에 차질을 겪고, 기본적인 의료물품 수급에 어려움을 겪은 미국의 모습

마스크와 한시적 재택근무는 이제 일상처럼 느껴진다. 비대면 접촉은 어디까지 보편화될까?

을 보면서 당연했던 경제질서, 무역질서 등이 새로운 구조적 개혁 수술대에 오를 것으로 보입니다.

그리고 코로나19가 끝나더라도 다시 반복될 위험에 대비하기 위해 많은 국가가 새로운 질서 개편을 위해 주도적인 위치를 지키려고 노력할 것으로 보입니다.

마지막으로 큰 정부의 화려한 귀환이 예상됩니다. 책에 서술되어 있는 '보건정부의 등장'처럼 국가만이 할 수 있는 영역의 필요성이 늘어나고, 국가적 차원에서 구조적 변화에 대응하는 것이 효율적으로 판단되어 국가의 재정확대와 역할 및 지위상승이 예고됩니다.

대표적으로 미국부터 많은 국가들이 코로나19 대책을 주도하고 있으며 치료약과 백신개발을 전폭적으로 지원하고 주도하고 있는 현실을 보았을 때 위기관리역량을 국가가 얼마나 잘 갖췄는지에 따라 포스트 코로나 시대의 패권을 잡을 수 있는 확률이 높아진다고 볼 수 있습니다.

이 책의 가치가 높은 것은 많은 책이 미래 트렌드를 예측하고 있지만, 코로나19 이후 뒤바뀐 2021년을 간단하고 핵심적으로 짚어줬다는 것에 있습니다. 나의 생존부터 사회, 기업, 국가, 산업의 흥망성쇠를 코로나 19 이후 그 누구도 예측할 수 없습니다. 이 책을 통해 큰 물줄기를 타고 포스트 코로나로 성공하는 위대한 항해의 나침반이 되기 위한 노력을 하고 싶습니다.

김이헌 선생님의 독후활동 평가

미래 시나리오 2021에서는 코로나19 이후 예상되는 2021년을 간단하고 핵심적으로 짚고 있습니다.
책을 읽으며 발견한 세 가지 사실을 주요 키워드를 토대로 자신의 생각 및 느낀 점을 잘 표현하고 있습니다. 미래지향적인 사고를 통해 세계가 협력해야 한다는 사실을 알게 되었고 비판적인 사고로 과거의 구조적 질서가 유효하지 않다는 사실을 깨달았으며 더불어 큰 정부의 화려한 귀환을 예상하는 자신의 소신까지 나타내었습니다.
자신의 미래에 대한 방향성을 생각해 보고 '위대한 항해의 나침반이 되기 위한 노력을 하고 싶다'라는 새로운 다짐을 했다는 것이 인상적입니다. 이 책을 통해 자신의 다짐이나 생각했던 방향성 등 조금이라도 변화된 부분이 있다는 것이 의미가 있지 않을까요?

이효은 선생님의 독후활동 평가

코로나 19로 인해 나타난 현재의 문제와 앞으로 우리가 어떻게 나아가야 할지에 대해서 정확히 짚고 있다고 느껴집니다. 특히 자신이 발견한 사실을 세 가지로 일목요연하게 정리하였는데 다소 심오한 내용을 다루는 이 책을 정교하게 정리하였습니다.

아쉬운 부분이 한 가지 있다면, 이 책의 전반적인 내용을 독후감으로 담았다기보다는 '코로나19'에 대한 생각만 강하게 드러낸 것 같습니다. 이 책에는 코로나19문제 외에도 '지정하지 않은 성별', '성 소수자', '빈곤', '바이오산업' 등 다양한 내용을 다루고 있기 때문입니다. 이 내용 또한 언급했다면 더 좋았겠지만 코로나19문제에 대해서는 그 누구보다 자신의 생각이 돋보였기 때문에 글쓴이만의 '미래 시나리오 2021'을 완성한 것으로 평가합니다.

이희진 선생님의 독후활동 평가

역시 '코로나19'는 팬데믹 상태를 초래한 만큼 미래를 전망하는 데 중요한 변수로 작용하나 봅니다. 이 책에서 다루고 있는 2021년이라는 가까운 미래에 대한 다양한 전망 중에서 '코로나19'를 중심으로 파악 가능한 미래 사회의 변화상에 대해 구체적으로 잘 정리하여 썼습니다.

'코로나 19' 사태는 전 세계 국가의 위기관리 능력을 평가하는 시험장이 되었으며, 국가의 역할에 대해 재고하는 기회가 되었습니다. 또한 사회의 민낯이 질병으로 인해 다 드러났다고 해도 과언이 아닐 정도로 확진자 추이와 병행해 경제, 보건, 교육, 종교, 문화 등 다양한 분야에서 사회적 이슈들을 생산해 냈습니다. 이 이슈들을 통해 사회 각 분야가 처해 있는 구조적 문제점을 반성하는 기회를 가질 수도 있겠지만, 가까운 미래에 대해 조심스럽게 예측해 보는 것도 가능할 것입니다. 이 독후감은 이 부분을 두루 파악하고 구체적으로 정리하여 썼다는 점에서 『미래 시나리오 2021』라는 책의 핵심을 잘 파악한 글이라고 하겠습니다.

우리에게 친숙한 세계의 '음식'과 '식문화'에 집중하며 사회 문제를 직접적으로 느끼고,

이를 자신의 문제로서 고민해 볼 수 있게 하는 것이 이 책의 가장 큰 장점이 아닌가 합니다.

그리고 더 나은 세상을 위해서는 '모두의 힘'이 필요하다는 것을,

다시 한 번 깨닫게 되는 기회가 될 것입니다.

PART 4

자연과학으로 만나는 융합형 의생명 진로 도서

신경정신의학으로 피드백 시스템을 읽는다 『스트레스의 힘』

스트레스의 힘 : 끊임없는 자극이 만드는 극적인 성장
켈리 맥고니걸 저 / 신예경 역 | 21세기북스 | 2015. 12.

핵심구절

“스트레스에 관해서라면 거의 모든 사람이 이미 자신만의 인식을 갖고 있다. 스트레스를 받을 때마다 여러분은 스트레스에 대한 자신의 생각을 떠올린다. 스트레스를 많이 받았던 때를 떠올려보자. ‘아, 완전 스트레스 받아’, ‘이거 너무 스트레스야’ 같은 생각을 했을 것이다. 그런 순간순간들이 합쳐져 사고방식으로 고착된다. 뭔가 비슷한 압박이 느껴지면 바로 스트레스라고 인식하게 되는 것이다. 이런 믿음은 플라시보 효과를 훨씬 넘어선다. 일종의 ‘사고방식 효과mindset effect’라고 말할 수 있다. 플라시보 효과가 구체적인 결과에 단기간 영향을 미치는 데 반해, 사고방식 효과는 오랜 기간을 두고 눈덩이처럼 불어나 그 영향력이 점차 커지고 오래도록 작용한다.”

"사고방식이란 마음가짐과 행동방식 그리고 감정에 선입견을 심어 주는 믿음이다. 우리가 무엇을 보든 그 대상을 걸러서 통과시키는 필터 같은 것이다. 그렇다고 해서 모든 믿음이 견고한 사고방식으로 자리 잡는 것은 아니다. 별로 중요하지 않은 믿음도 있다. 누군가는 초콜릿이 사탕보다 맛있다고 여기며, 누군가는 바나나보다 사과가 더 맛있다고 믿는다. 하지만 이런 믿음들은 아무리 굳건히 고수한다 해도 우리의 사고방식에 큰 영향을 미치지는 못한다."

이 책의 모든 생각이 온갖 형태의 스트레스나 고통에 도움이 될 거라고 보장하지는 못하겠다. 하지만 스트레스를 포용할 때 얻는 이점이 그저 작은 문제들에만 적용되지는 않을까 더 이상 걱정하지는 않는다. 놀랍게도 사랑하는 사람의 죽음을 감당하고 만성 통증에 대처하며, 심지어 몸이 마비되는 듯한 비행공포증을 극복하는 등의 중대한 상황에 처했을 때도 스트레스를 포용하는 것이 큰 도움이 됐다는 사례는 많다.

강의가 끝날 무렵 수강생들이 털어놓은 이야기들의 대부분은 스트레스를 극복해 마감일을 맞추거나 짜증나는 이웃을 상대하는 데 능숙해졌다는 내용이 아니었다. 연인의 죽음을 받아들인 이야기, 평생토록 허덕여온 불안장애에 맞선 이야기, 어릴 적 아동 학대 경험을 이겨내고 자신의 과거와 화해한 이야기, 항암 치료를 이겨낸 이야기들이었다.

스트레스의 장점을 볼 줄 알면 왜 이 같은 상황에서 도움이 될까? 스트레스를 포용하고 나면 자신에 대한 생각과 상황 대처 능력이 달라지기 때문이다. 이것은 단순히 지성에만 관련된 행위는 아니다. 스트레스의 이점에 집중하다 보면 신체적으로나 정서적으로 스트레스를 경험하는 방식도 바뀐다. 그리고 인생의 도전적 상황에 대처하는 방식도 달라진다.

의생명 분야 연결

✖ 서울대 생명공학부 강찬희 교수의 연구실 소개 -스트레스 및 노화연구

우리 연구실의 일관된 연구주제는 어떻게 동물과 세포가 다양한 외부 자극에 반응을 하여 항상성을 유지하는지를 이해하는 것입니다. 특별히 자식작용Autophagy과 세포노화Cellular senescence – 노화와 암을 비롯한 많은 인간 노화 질환에 관련되어 있는 일반적인 스트레스 반응 두 가지 – 를 연구하는 데 중점을 두고 있습니다. 우리는 현재 유전학, 분자생물학, 생화학, 유전체학, 그리고 세포생물학 등의 다양한 방법들을 이용하여 1) 선택적 자식작용 네트워크Selective autophagy network와 2) 세포노화 조절 네트워크Senescence regulatory network를 자세히 밝히고자 합니다. 이러한 노력이 앞으로 여러 인간 질병들을 치료하는 데 도움이 되고, 궁극적으로는 인류의 전반적인 건강 상태를 높이는 데 큰 기여를 할 것이라고 생각합니다. 현재 연구하고 있는 주제는 다음과 같습니다.

1. 어떻게 선택적 자식작용이 GATA4-노화연관 분비표현형SASP 경로를 조절하는지, 그 자세한 분자조절 기작에 대한 연구

2. 세포노화 현상을 조절할 수 있는 GATA4 경로의 표적 검색

3. GATA4-노화연관 분비표현형SASP 경로가 실제로 동물 개체 수준에서 어떠한 영향을 갖는지를 여러 동물 모델(종양 모델과 노화모델)들을 통해서 연구

4. 선택적 자식작용Selective autophagy, 세포노화, 그리고 노화연관 분비표현형SASP이 어떻게 특정 스트레스 반응 동안 조절되는지에 대한 연구

내용 요약

들어가며

스트레스에 대한 평소의 우리의 인식은 다음 중 어느 쪽인가요?

A : 스트레스는 해로우므로 반드시 피하고 줄여야 한다.

B : 스트레스는 유용하므로 반드시 수용하고 활용해야 한다.

많은 사람들이 주저하지 않고 A를 고를 것입니다. 그리고 스트레스를 적대시하는 심리학자, 의사, 과학자가 상당히 많습니다. 하지만 1998년 미국의 연구결과 스트레스가 건강에 해롭다고 '믿었던' 사람들만 사망 위험이 존재하는 사실이 알려지면서 스트레스에 대한 새로운 사실이 알려지고 있습니다. 절대적인 스트레스 수치보다, 상대적인 스트레스에 대한 사고방식이 더욱 중요하며 스트레스의 긍정적인 면을

스트레스에서 벗어나는 것은 어쩌면 일상과의 결별을 뜻하는지도 모른다.

보여줌으로써 우리가 스트레스를 새로운 시작으로 이해하는 것이 중요하다는 것이 이 책의 핵심 내용입니다.

스트레스를 수용하는 삶에 더욱 능숙해지기 위해서 1부에서는 스트레스에 대한 사고방식을 어떻게 변화시킬지에 대한 고안이 담겨져 있습니다. 어떤 형태든 간에 각자에게 효과적인 자기성찰의 계기로 활용하는 것이 중요하기 때문입니다. 2부에서는 스트레스를 느끼는 순간에 사용할 현장 전략을 비롯해 인생의 시련에 대처하는 자기성찰 방법을 구체적으로 표현할 수 있습니다. 일명 스트레스 전환 행위라는 이름의 사고방식의 재설정을 통해서 말입니다.

현재 여러분이 스트레스와 어떤 관계를 맺고 있든지 간에 스트레스에 대한 사고방식과 그 대응방식은 모두 스트레스가 자신에게 영향을 미치는 방식에서 중요한 역할을 합니다. 이를 통해 육체적 건강과 정서적 안정까지 긍정적으로 변화시킬 수 있습니다.

1부 스트레스의 재발견

"스트레스는 독이 아니라 약입니다."라는 1부 부제목에서 알 수 있듯이 스트레스를 어떻게 사고하는지에 따라 스트레스의 효과가 달라짐을 보여주고 있습니다. 컬럼비아 대학 연구소 심리학자 앨리아 크럼은 7개의 실험대상 호텔 중 4개의 호텔 객실 청소부들에게만 객실 청소에 따라 소모되는 칼로리에 대해 정보를 알려주는 프레젠테이션을 실시하였습니다.

이렇게 자신의 업무가 운동이라는 사고의 전환을 한 청소부들은 이전보다 체중, 체지방, 혈압이 감소하였고, 자신의 일을 전보다 좋아하게 되었다고 답했습니다. 이 실험을 통해 우리가 어떻게 예상하는지에 따라 결과가 달라질 수 있음을 확인하였습니다. 그리고 이런 인식의 변화는 신체적 반응으로도 나타나게 됩니다. 스트레스의 경우도 마찬가지입니다.

또한 크럼은 스트레스에 대한 긍정적인 내용을 중점으로 담은 영상, 반대로 부정적으로 담은 영상을 무작위로 보여준 뒤 압박 면접 상황에 돌입하면서 변화하는 호르몬 수치를 분석한 실험을 하였습니다. 그 결과 두뇌발달을 돕는 신경 스테로이드의 일종인 DHEA 호르몬이 스트레스에 대한 긍정적인 정보를 접한 집단에서 더욱 활발하게 분비됨을 확인할 수 있었습니다. 스트레스가 도움이 된다는 '생각'이 신체를 변화시킨 것입니다. 이 연구는 '플라시보 효과'를 입증한 것으로 평가할 수 있습니다. 알다시피 플라시보 효과는 강력한 현상이지만 사실 속임수입니다. 어떤 사람들이 여러분에게 뭔가를 어떤 식으로 생각해야 하는지 알려주며 그 말을 순순히 믿는 경향을 보이는 것입니다.

하지만 스트레스에 관해서라면 거의 모든 사람이 이미 자신만의 인식을 갖고 있습니다. 스트레스를 받을 때마다 여러분은 스트레스에 대한 자신의 생각을 떠올리며 순간순간 대처하며, 이것이 고착화되며 쌓인 축적물로 사고방식을 갖게 됩니다. 이것은 엄연히 플라시보 효과보다 강력하고, 현재뿐 아니라 미래에도 영향을 미칠 수 있습니다. 목표나 선택을 좌우할 수 있기 때문입니다.

그러므로 스트레스에 대한 사고방식은 우리의 건강과 행복 그리고 성공에 영향을 미치는 핵심 믿음인 것으로 드러났습니다. 자신의 사고방식에 따라 스트레스 상황을 잘 이겨낼 것인지 모든 에너지를 소진한 채 의기소침한 상태가 될 것인지 결정됩니다. 한 가지 좋은 사실은 스트레스가 해롭다고 굳게 믿더라도 어려움을 헤쳐 나가는 데 도움이 될 사고방식을 여전히 함양할 수 있다는 점입니다.

스트레스를 받아들이는 사고방식을 바꾸는 데 대하여 저자는 플라시보 효과를 확대하여 단순하게 접근하였습니다. 어떤 실험에서 '가짜 약'이라는 라벨이 붙은 약상자를 받은 환자들에게 이 약에는 유효 성분이 없지만 정신과 신체가 수많은 치유과정을 스스로의 힘으로 진행할 수 있으며 그 과정을 이 가짜약이 촉발시킬 것이라는 설명을 받았습니다. 그 결과 편두통과 과민성 대장증후군 및 우울증의 최상의 진짜 치료제를 복용한 것과 비슷한 효과를 거둘 때가 많았다는 놀라운 점을 발견하였습니다. 결국 스트레스에 대한 사고방식을 선택하는 문제도 새로운 사고방식을 기억하라고 권유받는 경우에서도 마찬가지로 줄어들지 않는다는 점을 확인할 수 있었습니다. 저자는 스트레스 사고방식을 학습하는 데 세 가지 부분을 강조하였습니다. 새로운 관점 배우기, 새로운 사고방식을 받아들이고 적용하도록 고무하는 연습하기, 다른 사람과 그 생각을 공유하는 기회 만들기입니다. 우리는 스트레스에 대한 사고방식이 일상생활에 어떻게 드러나는지 알지 못합니다. 그러므로 의식하는 것에서 더 나아가 맹목적 사고방식mindset blindness을 갖는 것이 오히려 긍정적이라고 말합니다. 그리고 이렇게 만들어진 의미 있는 사고방식의 전환은 스트레스에 대한 두려움이 줄어들고 스트레스를 다룰 수 있다고 믿으며 의미 있는 인생을 살아가기 위한 자원으로 스트레스를 활용하게 되는 것을 말합니다.

때로는 사고방식의 플라시보 효과를 넘어 스트레스 반응이 우리에게 평소보다 뛰어난 신체 능력을 선사하기도 합니다. 스트레스로 인해 발생하는 소위 히스테리성 능력 또는 발작적 체력에 대한 많은 뉴스가 보도되고 있습니다. 쉽게 말해 극단적인 스트레스 상황에서 초인적인 힘이 발휘되는 것을 이미 여러 이야기를 통해 접해 보았을 것입니다. 이

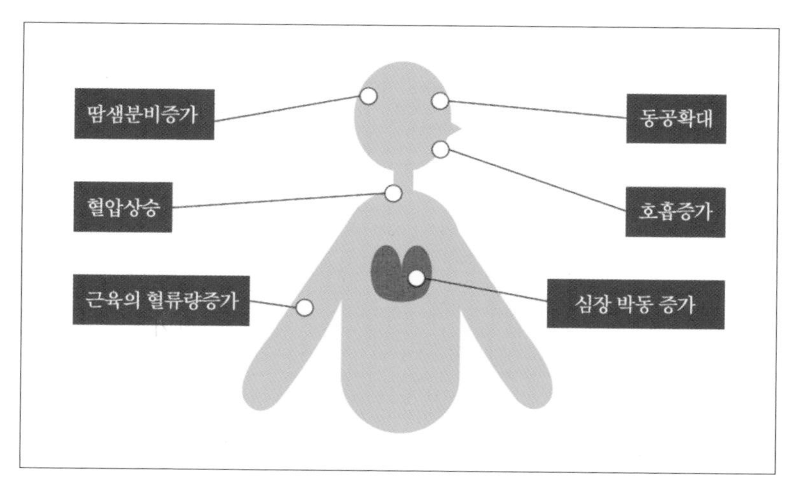

스트레스 반응이 일어났을 때 신체의 변화

에너지는 우리 뇌를 가동시키는 데에도 유용합니다. 아드레날린이 분비되면 우리 감각이 깨어나며 뇌가 감지된 정보를 더욱 빨리 처리 합니다. 이로써 스트레스는 고도의 집중력을 발휘하게 만들며, 그 덕분에 자신의 물리적인 환경에 대해 더 많은 정보를 얻을 수 있습니다.

또한 단순히 스트레스 반응이 에너지만 주는 것은 아닙니다. 스트레스 반응은 여러분이 다른 사람과 관계를 조성할 동기를 부여하기도 합니다. 이와 관련된 호르몬은 옥시토신으로 누군가를 껴안을 때 뇌하수체에서 분비되기 때문에 '사랑의 분자', '포옹 호르몬'이라는 별명이 있습니다. 옥시토신은 뇌의 사회적 본능을 미세하게 조정하는 한층 더 복잡한 신경 호르몬으로 사회적 유대를 조성하고 강화시키며, 결과적으로 스킨십, 문자보내기 등과 같은 사회적 접촉에 대한 열망을 가져옵니다. 스트레스를 재발견함으로써 스트레스의 가치를 본인이 새롭게 조정하는 것이 무엇보다 중요합니다.

2부 스트레스 사용법

인생에서 가장 중요한 시험을 치르는 스트레스 상황에서의 최고의 전략은 마음을 안정시키는 것이라고 수많은 사람들이 알고 있지만 실상은 그 반대입니다. 인생에서 가장 중요한 시험을 앞둔 학생이든 가장 힘든 경기에 나서야 하는 프로 운동선수든지 간에 스트레스를 기꺼이 받아들이면 자신감이 솟아나고 성과를 향상시킬 수 있습니다. 사람들이 시험을 치르는 동안 긴장을 하면 성적이 좋지 않게 나온다고 생각하지만 최근 연구에 따르면 오히려 스트레스에 의한 긴장으로 마음이 불안해지면 그저 스트레스가 성공에 도움이 된다는 점을 기억하면 된다고 합니다. 무엇을 해야 할지, 어떻게 해야 할지, 실행할 능력이 있는지 모르는 상황에서도 스트레스를 포용하면 아무리 고통스러워도 계속 견뎌낼 힘을 발견할 수 있습니다.

지금까지 살펴봤듯이 새로운 스트레스 과학에서 얻은 매우 중요한 생각은 우리가 한 가지 이상의 스트레스 반응을 보일 수 있다는 것입니다. 운동 시합, 발표, 시험처럼 압박감 속에서도 반드시 맡은 일을 수행해야 하는 상황에서의 이상적인 스트레스 반응은 에너지를 주고 집중력을 강화시키며 실행할 용기를 주는 도전 반응입니다. 도전 반응은 눈앞의 도전에 다가설 동기를 불어넣어주고 성공할 수 있는 정신적·육체적 자원을 제공합니다. 하지만 때때로 성과 스트레스는 투쟁-도피 반응, 즉 스트레스가 악명을 떨치게 된 원인인 비상시 본능을 유발합니다. 임무를 수행해야 한다는 압박감 속에서 일어나는 투쟁-도피 반응을 심리학자들은 위협반응이라고 말합니다. 위협반응은 스트레스 반응체계의 과잉 반응이 아닙니다. 스트레스 반응과는 전혀 다른 종류의 반응으로, 성공이 아니라 자기방어를 준비하도록 만듭니다.

우선 즉각적인 성과와 스트레스로 인한 장기적 결과에 영향을 미치는 두 가지 반응 사이에는 중요한 생리적 차이가 있습니다. 가장 큰 차이점 하나는 스트레스가 심혈관계에 미치는 영향과 관련이 있습니다. 위협 반응과 도전 반응은 모두 여러분이 행동할 수 있도록 준비시킵니다. 말하자면 심장이 한층 빠르게 뛰기 시작할 때 느낄 수 있는 기분이 있다는 뜻입니다.

하지만 위협 반응이 일어나는 동안에 우리 몸은 신체적 손상을 예상합니다. 끔찍한 투쟁으로 인한 혈액 손실을 최소화하기 위해 혈관이 수축합니다. 그리고 신체는 염증을 증가시키고 면역세포를 활성화하여 치유가 빨리 진행될 수 있도록 준비합니다.

이와 반대로 도전 반응이 일어나는 동안 신체는 운동을 할 때와 비슷한 반응을 보입니다. 신체 손상을 예상하지 않기 때문에 안전감을 느끼면서 최대한 많은 에너지를 내기 위해 혈류량을 극대화시킵니다. 위협 반응과 달리 혈관은 이완된 상태를 유지합니다. 심장도 더 강하게 뜁니다. 더 빠르기만 한 게 아니라 더욱 힘차게 뜁니다. 심장은 수축할 때마다 더 많은 혈액을 쏟아냅니다. 그러므로 도전 반응은 위협 반응보다 훨씬 많은 에너지를 내게 합니다. 이런 심혈관계의 변화는 스트레스가 건강에 장기적인 영향을 준다는 암시가 담겨져 있습니다. 심혈관계 질환의 위험성을 높이는 종류의 스트레스 반응은 도전반응이 아니라 위협 반응입니다. 염증 증가와 혈압 상승은 비상사태에 단기적인 도움을 줄 수는 있지만, 만성적이면 노화와 질병을 가속화시키기도 합니다. 그러므로 사고방식에 따른 스트레스 해소법을 적절히 활용하여 승화시키려는 노력이 매우 중요합니다.

나오며

"스트레스는 해로운가?"라는 질문은 위의 수많은 실험과 연구를 거치면서 "스트레스는 얼마나 해로운가?"라는 질문으로 바뀌었습니다. 스트레스는 사망 위험을 증가시키지만, 사람들이 목적의식을 가질 때는 예외입니다. 이런 예외를 만드는 것은 자신이 얼마나 마음먹느냐에 따라 쉽게 성취할 수 있는 사항입니다. 스트레스의 유익함, 해로움을 결정하는 것보다, 지금부터 스트레스에 대한 인식을 재정의하는 것이 중요합니다. 스트레스를 포용할 수 있는 사람으로 거듭나기 위해 이 책이 그 전환점이 될 수 있습니다.

우리는 보통 스트레스는 '만병의 근원'이라는 말을 합니다. 그래서 스트레스를 피하기 위해 힐링이라는 단어가 붙은 장소, 책, 음악 등 스트레스를 피하는 다양한 방법을 찾고 있습니다. 그런데 스트레스는 꼭 나쁜 것일까요? 우리는 중요한 시험이나 순간을 맞닥뜨릴 때, 심장 박동이 빨라지고 호흡이 가빠지는 것을 느끼곤 합니다. 이런 상태를 우리는 긴장했다고 부르고, 스트레스를 받고 있다고 말합니다.

그래서 우리는 이 상황을 부정적으로 바라보고 긴장을 없애기 위해 부단히 노력하다가, 시험이나 중요한 순간을 망치곤 합니다. 반대로 생각해서 이런 긴장감, 스트레스를 긍정적인 것으로 받아들이면 어떻게 될까요? 중요한 순간에 떨리는 감정을 설렘으로, 시험을 앞두고 떨리는 감정을 도전으로 바꾸면 어떻게 될까요?

이 책에서는 이것을 '도전 반응'이라고 부릅니다. 도전 반응이란 눈앞의 도전에 다가설 동기를 불어넣어 주고 성공할 수 있는 정신적·육체적 자원을 제공합니다. 이 과정에서 신체는 운동을 할 때와 비슷한 반응을 보이게 되고, 안전감을 느끼면서 최대한 많은 에너지를 내기 위해 혈류량을 극대화시킵니다.

그래서 행동이나 생각을 더 빠르고 효과적으로 할 수 있도록 도와주고 심혈관계에 긍정적인 영향을 미칠 수 있게 됩니다. 스트레스에는 나쁜 스트레스만 있는 것이 아니라, 긍정적인 스트레스도 있다는 것이죠. 결과적으로 긍정적인 스트레스는 스스로 만들어가는 것입니다. 긴장된 지금 이 순간이 나에게 어떤 도움이 되고, 스트레스를 받는 이 상황을 어떻게 하면 긍정적으로 풀어나갈지 고민하는 과정이 긴장과 스트레스를 긍정적으로 받아들이게 되어 일에 효율이 높아지는 것입니다. 스트레스, 이제는 줄이려고 하지 말고 긍정적인 스트레스로 만들어 보는 것은 어떨까요?

이효은 선생님의 도서 활용방안

이 책의 첫 부분에서는 스트레스에 대한 평소의 우리 인식을 묻고 있습니다. 학창시절 과학이나 체육시간에 스트레스의 해로운 점에 대해 배우며 스트레스는 당연히 좋지 않은 것이라고 배웠던 저에게 이 질문은 신선하게 다가왔습니다.

여러분은 스트레스를 포용할 때 얻는 이점에 대한 이야기를 누구에게 들어본 적이 있나요? 이 책을 읽게 된다면 여러분은 스트레스에 대한 이점을 알게 되고 자신에 대한 상황 대처 능력이 달라질 수 있을 것입니다. 제가 학생이었던 시절에 겪었던 스트레스는 시험점수, 교우관계, 부모님과의 다툼 정도였던 것 같습니다.

이 스트레스는 대한민국 학생이라면 누구나 한 번쯤은 겪어봤을 거라고 생각합니다. 특히 저는 성적 관리에 대한 스트레스가 어마어마했습니다. 그때 저는 단지 스트레스 상황이었지만 공부를 회피하지 않고, 이번에는 꼭 성적 올리고 말거야 두고 봐! 라는 목적의식을 가지고 더욱 이 악물고 공부를 했던 기억이 있습니다. 지금 이 책을 읽고 난 후 생각해 보니 그때의 경험은 제가 가진 스트레스의 사고방식을 바꾸었던 경험이었고, 열심히 공부하다 보니 자신감도 생기고 시험에서 좋은 결과를 얻을 수 있었던 것 같습니다.

여러분이 지금부터 이 책을 접하고 저보다 더 빠른 시기에 스트레스를 다른 좋은 방향으로 전환할 수 있다고 알게 되는 것 자체가 정말 값진 지식이 아닐까요? 어쩌면 이 책이 나비효과로 다가와 여러분의 삶을 더욱 긍정적으로 바꿀 수 있는 기회가 될 수 있습니다.

정지영 선생님의 도서 활용방안

어느 순간부터 모두가 스트레스를 받는 삶이 되어버렸습니다. 스트레스가 우리 삶의 일부가 되어버린 것입니다. 하지만 스트레스를 자세히 살펴보면 우리가 피해야 할 대상만은 아니라는 것을 잘 설명해 주고 있습니다. 다시 말해 억울하게 오해 받고 미운털이 밝힌 스트레스를 구해 주는 책이라고나 할까요?

1부가 스트레스에 대한 사고방식을 어떻게 변화시킬지에 대한 전반적인 설명이라면 2부는 스트레스를 느끼는 순간에 사용할 현장 전략을 비롯해 인생의 시련에 대처하는 자기성찰 방법을 구체적으로 표현하고 있습니다. 요컨대 사고방식을 재설정해야 합니다. 무조건 피할 것이 아니라 담담하게 마주해야 하는 것입니다.

도전 반응과 위협 반응, 비슷한 것 같지만 스트레스가 다르게 대응하는 방식입니다. 우리는 도전 반응과 위협 반응 둘 중에 더 어떤 것으로 많이 대응하고 있을까요? 답은 개인에 따라 다르지만 분명한 건 있습니다. 피할 수 없다면 즐겨라!

독후감

"말하는 대로!', '생각만 하면 생각대로 비비디바비디부!"

이 책을 읽고 가장 먼저 떠오른 문구입니다. 그저 노래가사, 광고카피로만 생각했던 그것을 증명받은 기분이었고 현실로 실천해야겠다는 동기가 강하게 부여되었습니다. 우리가 생각하는 스트레스는 매우 기분 나쁘고 힘들고 불쾌한 상황이라고 생각됩니다.

결혼할 때 스트레스 지수가 꽤 높다는 것을 알고 계신가요? 질병 53.7점에 이어 50점입니다. 인생에서 가장 행복한 순간에 스트레스라니 놀랍지 않나요? 그동안 스트레스에 대한 부정적인 인식이 고정관념처럼 있다 보니 외부에 대한 부정적 자극을 모두 스트레스로 인식해서 일명 화병이나 골치병으로 자리 잡아 우리 몸에 문제를 일으킨 것입니다.

최근 뉴스에서 '바이오피드백'을 활용한 의료기기 개발이 화제라는 기사를 접했습니다. 바이오피드백이란 몸에 부착된 감지기를 통해 심박수, 근육 긴장, 호흡, 발한, 피부온도, 혈압, 뇌파 등의 생리적 기능의 변화를 알려 주어 신체기능을 의식적으로 조절하도록 유도하는 기법입니다. 바이오 피드백을 체크함으로써 나의 개선된 행동, 변화된 행동이 우리 몸이 긍정적인 변화가 일어나고 있음을 확인하고 그 행동으로 유도하게끔 하는 것이 이 기기의 핵심입니다.

우리는 저마다 '인식의 전환'이라는 생각의 기능을 활용해서 스트레스가 주는 '바이오피드백'을 긍정적으로 변화시킬 수 있습니다. 돌이켜보면 제가 가장 긴장한 시험에서 의외의 좋은 결과가 나왔고 자만하고 방심했던 시험에서는 뒤통수를 맞는 결과가 나왔습니다.

현대인들은 늘 스트레스 속에서 살아갑니다. 특히 한국인의 노동시간과 업무강도가 세계 최고 수준이니 돈보다 워라밸(Work Life Balance)을 찾는 이유가 스트레스라고 해도 과언이 아닙니다. 하지만 이것을 모두 도피해서 행복을 되찾을 수 있을까요? 적당한 경쟁과 도전 상황은 나를 더욱 단련시키며 혈관건강과 생리현상에 긍정적인 영향을 줍니다. 자극이 없으면 발전이 없는 것입니다.

결국 이런 상황을 피하는 것보다 어떻게 받아들일지에 대해서 우리는 고민해야 합니다. 마음가짐이 사람을 만듭니다. 이 한 마디가 이 책을 요약한다고 생각합니다. 긍정의 힘을 가진 사람, 도전을 받아들이고 멋지게 승화시키는 사람이 되고 싶지 않으신가요?

신건철 선생님의 독후활동 평가

스트레스를 피해야 하는 존재로만 생각하지 않고, 즐기면서 함께하는 존재로 표현했다는 점에서 책의 내용을 잘 파악하고 있습니다. 먼저, '바이오 피드백'이라는 구체적인 예시를 제시해 자신의 신체적인 상황을 파악함으로써 자기를 더 잘 조절할 수 있다고 표현한 부분이 인상적이었습니다. 그리고 적당한 경쟁과 도전 상황이 자신을 더 발전시켜 줄 것이라는 부분 역시 책의 내용을 잘 파악한 부분입니다. 책에서 강조한 '도전 반응'을 사회적인 현상인 워라밸과 연관지어 현실에 안주하지 않고 도전하는 과정에서 혈관 건강과 성취를 얻을 수 있음을 잘 표현했습니다.

마지막으로 긴장한 시험에서 좋은 결과를 얻고, 자만한 시험에서 좋지 않은 결과를 얻은 자신의 경험을 바탕으로 책의 내용을 정리한 부분은 긍정적인 스트레스의 필요성을 역설한 책의 내용과 일맥상통하고 있습니다. 플라시보 효과처럼 자신이 생각하는 대로 만들어 가는 스트레스 극복법, 마음가짐이 사람을 만든다는 말과 잘 어울리는 것 같습니다.

독후감을 '긍정의 힘을 가진 사람, 도전을 받아들이고 멋지게 승화시키는 사람이 되고 싶지 않으신가요?'라는 질문으로 다른 사람에게 스트레스를 피하지 않고, 즐기면서 도전하라는 메시지를 주는 마무리가 인상 깊었습니다.

이효은 선생님의 독후활동 평가

이 책을 읽고 가장 먼저 떠오른 문구가 너무나 공감이 되었고 학생들이 이 문구를 보았을 때 책의 전반적인 내용이 확 와 닿을 수 있을 만한 설명인 것 같습니다. '바이오피드백'이라는 말을 이 글을 읽으며 처음 접했는데 스트레스의 힘을 증명할 수 있을 만한 부가적인 설명이라 좋았습니다.

실제로 스트레스는 눈에 보이지 않는 것이기 때문에 '스트레스가 독이 아니라 약'이라는 말은 피부에 와 닿기 어려울 수도 있는 말입니다. 이때, 바이오피드백을 통해 스트레스 사용법을 사용하여 긍정적으로 스트레스를 다루고 난 후 눈으로 직접 내 몸의 변화를 느낄 수 있을 것입니다.

"마음가짐이 사람을 만듭니다." 이 말에도 전적으로 동의합니다. 스트레스를 긍정적인 힘으로 승화시키도록 마음먹을 수 있도록 도와주는 든든한 부가적인 말입니다. 지금 당장이라도 긍정적인 힘을 가진 사람이 되고자 마음먹게 되었습니다.

정지영 선생님의 독후활동 평가

독후감 제목이 매우 인상적입니다. 긍정적인 마인드가 중요하다는 사실을 강조하고 있는 거지요? 특히나 인생에서 가장 행복해야 할 순간인 결혼할 때조차도 스트레스 지수가 높다는 예시는 독후감을 읽는 독자의 시선을 사로잡습니다. 바이오 피드백이라는 실제적인 예시도 매우 좋습니다.
하지만 마지막 몇 줄을 제외하고는 이 책을 읽고 쓴 감상문인지 전반적인 상식 내용을 열거하는지에 대해 잘 구분이 안 됩니다. 다시 말해서 '적당한 경쟁과 도전 상황은 나를 더욱 단련시키며~' 이 부분에 이르러서야 책 내용이 직접적으로 전달된 느낌이 듭니다. 최소 책에 언급된 스트레스의 두 종류라도 명확히 언급을 해주었으면 합니다.
만약 책 자체가 전반적인 상식 내용으로 써 있어서 오해를 불러일으키는 것이라면 구체적으로 이런 내용이 책에 이렇게 언급되어 있다고 출처를 밝히는 것도 좋을 것 같습니다. 이에 더하여 자신만의 스트레스 해소법을 언급해 준다면 읽는 사람의 공감을 더욱 이끌어 낼 수 있을 듯합니다.

직업환경의학의 시선으로 현실을 읽는다 『실험실의 쥐』

실험실의 쥐 : 왜 일할수록 우리는 힘들어지는가
댄 라이언스 저 / 이윤진 역 | 프런티어 | 2020. 05.

핵심구절

"세계 최고 부자가 경영하는 회사에서 일하면 연말 보너스로 얼마를 받을까? 크리스마스가 정말 싫을 정도다. 베조스는 현대판 스크루지다. 아마존 물류창고 노동자들은 다른 창고 노동자보다 평균 15퍼센트 적은 임금을 받는다. 그럼에도 아마존은 노동 비용을 낮추기 위해 다양한 방법을 사용한다. 하청 계약을 통해 고용하거나 노동자에게 정식 직원이 아니라 '영구 임시직'을 강요한다. 베조스는 현대판 노동 착취 업주다. 아마존의 물류창고 임금만큼 나쁜 것은 근무 환경이 더 열악해졌다는 것이다. 회사는 화장실에 가는 시간도 모니터링하고 제한한다. 노동자들은 감시 속에 높은 할당량을 맞추느라 시간을 아끼려고 병에 소변을 보기도 한다고 말했다."

'사람들은 점점 더 스키너 박스 안의 쥐처럼 되어가고 있다.'

스키너 박스란 행동주의 심리학자인 스키너에 의해 고안된 실험으로 정해진 자극에 반응하여 순응하게 되는, 행동에 따른 보상에 의해서만 움직이는 생물의 심리를 연구한 실험이다. 현대 사회의 기업문화에서 사람들은 점점 더 수동적이 되어가고 일에 대한 보상에 맞춰 살아가고 있다.

이 책에서는 이러한 기업문화에서 스트레스를 받고 있는 사람들의 증상을 누구나 이해할 수 있는 간단한 생물학적 이론과 심리학적 요인으로 설명하고 있다. 의사가 근무하는 병원 또한 기업의 원리에서 벗어날 수 없다. 이 책을 통해서 기업의 사원으로서의 개인을 비판적으로 바라보며 사회의 문제점에 대해 접근해 볼 수 있는 시각을 기르게 된다.

의생명 분야 연결

✖ 고려대 안산병원 직업환경의학과 소개자료

직업환경의학과는 개설 이래 '지역보건의료연구실'을 열고 각종 직업, 환경 유해인자로 인한 건강 장해를 예방하기 위한 꾸준한 연구와 사업을 수행하며, 더불어 관련 질병에 따른 장해와 신체장애를 평가하는 일도 담당하고 있습니다.

진료의 경우 직업 및 환경 관련 질병을 보다 적극적으로 진단·치료하기 위해 '직업환경의학 클리닉'을 개설해 운영하고 있습니다. '직업

환경의학 클리닉'은 직업병과 환경 관련 질환 분야에 걸쳐 고도의 지식과 기술을 구비하여, 산업현장의 근로자와 지역주민들에게 각종 유해인자에 의한 건강 장해를 진단·치료하고 예방활동을 수행하고 있습니다.

특히 노말헥산 중독사건, 메틸렌클로라이드 중독사건, 안산 지역 대기오염 등 사회적으로 크고 작은 이슈가 되었던 사건들의 중심에서 환자 진단 및 치료, 재활, 그리고 사회적 해결을 위해 크게 기여하고 있습니다. 또한 노·사·정 간의 갈등이 첨예한 직업병 및 산업재해 관련 분야에서 사회적 갈등 해소에 주요한 역할을 담당하고 있습니다.

내용 요약

1부 미로에 갇힌 비참한 사람들

4차 산업혁명이 시작되면서 항공모함과 같은 것을 취급하는 거대한 기업들이 스타트업 기업에 의해서 무너지는 사례를 많이 볼 수 있습니다. 거대한 기업들은 그 큰 덩치만큼이나 변화하는 상황에 대한 대처가 늦을 수밖에 없습니다. 스타트업은 이러한 대기업의 약점을 파고들었습니다. 소비자들과 소통하며 그들의 니즈를 맞췄고, 나날이 발전하는 IT기술을 기반으로 한 새로운 플랫폼을 제시하면서 소비자들을 끌어들였습니다. 기존의 대기업들은 너무나 수직적이었고 변화에 대처하기 위한 인력도 의지도 없어보였습니다. 그렇게 굴지의 자동차 기업 '포드'

하트 여왕의 역설에 따르면, 모든 것은 변화하기 때문에 제자리에 있으려면 엄청 빠르게 움직여야 한다. 사람들은 일에서 벗어날 수 있을까?

는 추락하고 신생 '테슬라'의 급부상이 이어졌습니다.

더 이상 경영학은 사회에서 적용되지 못했습니다. 기존의 경영학이론은 현대사회를 더 이상 대변하고 예측하여 모델을 제시하기엔 너무 구닥다리였습니다. 대기업 이사들이 이해하지도 못할 블록체인, 암호화 화폐들로 억만장자가 되고 있는 젊은이들이 대거 등장하였고 스타트업의 신화는 그렇게 계속 이어질 것 같았습니다.

하지만 이 책은 다른 여러 책처럼 이런 실리콘밸리의 스타트업 기업들을 찬양하는 내용은 아닙니다. 스타트업이 점점 성장하면서 그들이 장점이라고 내세웠던 수평적인 소통을 지향하는 조직문화와 개방적인 사무실, 자유로운 휴가, 자유로운 고용이 문제점으로 다가왔습니다. 미국의 항우울제 소비량은 5년 동안 6배가 증가했습니다. 수평적인 조직문화는 인간성을 충분히 이해하지 못하여 심리전과 따돌림, 대인관계장애로 이어졌으며 개방적인 사무실은 엔지니어들에게 개인공간을 충분히 확보하지 못하여 받는 스트레스를 증가시켰습니다. 무제한으로 사용할 수 있는 무급 휴가는 오히려 사람들을 더욱 일의 노예로 만들었습니다. 실리콘 밸리는 더 이상 꿈의 요람이 아니게 되었습니다.

2부 직장을 절망스러운 곳으로 만드는 요인들

직장은 더 이상 우리 부모님 세대의 삶의 지주가 아닙니다. 능력에 의해 고용되며 능력에 의해 해고됩니다. 고용노동법의 발달로 더 이상 강제해고는 불가능한 만큼 해고대상자에게 자괴감이 들 정도의 쉬운 업무를 맡기거나 대기발령을 내는 등의 문제가 심각해지며 대상자뿐 아니라 모든 사람에게 고용불안정에 따른 스트레스를 강요하고 있습니다. 요즘은 팀제로 운영되는 부서가 많은데 기존의 수직구조에서는 업무효율이 나오지 않는다고 하여 바꾼 구조에서 오히려 팀을 강조하며 따돌림이나 집단문화 강요 등의 문제가 다시 제기되고 있습니다. 사람들은 이러한 인간관계에서 탈피하여 점점 더 일하는 기계가 되어가고 있고 기계에 의해 통제되고 있습니다. 인간은 주체인가 객체인가를 논하고 있습니다.

3부 경영에 관한 너무나도 당연한 이야기들

이러한 문제를 타파하려면 어떻게 해야 할까, 아니 타파할 수는 있는 것일까요? 최근 기업가들의 경영트렌드는 사원의 사원에 의한 사원을 위한 경영입니다. 일하고 싶은 회사를 만드는 것이 그들의 목표입니다. 유급휴가, 육아휴직, 소득의 재분배 등이 그 변화입니다. 기업가들은 기본으로 돌아가 회사의 존재 이유에 집중합니다. 회사를 키워 회사의 가치를 현금화하여 경력으로 쌓으려는 장사꾼의 면모를 버리고 진정으로 회사를 생각하는 리더로서의 방향으로 가고 있습니다. 회사의 청소를 모두가 다 같이 하여 주인의식을 함양시키고 의식 있는 자본주의자들은 사회주의의 사상을 어느 정도 받아들여 평등한 사회를 만들고자 합니다. 사회적 기업운동도 어느 정도 자본적 계산이 있긴 하지만 그 변화 중 하나입니다.

장은정 선생님의 도서 활용방안

『실험실의 쥐』라는 제목을 보고 과학 분야의 책일 것이라는 생각을 가졌습니다. 그러나 이 책은 4차 산업혁명 시대에 급부상한 스타트업 기업들이 인간을 도구화하여 인간의 삶을 노예화시키고 불행을 심화시키고 있음을 지적합니다. 반도체산업을 비롯한 첨단산업의 메카로 불리는 미국의 실리콘밸리에 위치한 스타트업 기업들은 팀 조직으로 대표되는 수평적인 조직문화를 강조하지만, 이는 노동자에게 대인관계로 인한 스트레스를 심화시켰습니다.

또한 노동의 유연성을 강조하며 긱 경제Gig Economy를 바탕으로 고용의 불안정을 조장하고 인간을 기계 속의 기계로 생각하게 하는 비인간화를 가속화하였습니다. 현대사회의 노동자들은 끊임없는 변화의 소용돌이에서 살아남기 위해 발버둥 치며 수많은 기업이 엄청난 매출과 영업 이익을 창출하고 있지만 빈부의 격차는 점차 커지고 있습니다. 현대사회의 혁신적인 신경제의 폐해를 직시하고 기업과 노동자가 공존할 수 있는, 노동자 개개인의 행복한 삶의 보장과 기업의 성장과 발전이 함께 이루어지는 사회가 되기 위해서 우리는 어떻게 해야 할지 많은 생각을 하게 합니다.

최어진의 도서 활용방안

『실험실의 쥐』에서 저자는 노동자들이 지금까지와 마찬가지로 그저 부당함을 감수하고 더 열심히 뛰어 빨리 변화에 적응하려고 기계처럼 되려고 노력하기보다는 부당한 현실에 대한 문제의식을 가져야 한다고 지적합니다. 그러면서 한편으로는 경영자들에게도 기업의 이윤과 직원 행복이 어떻게 공존할 수 있는지 보여줄 것을 호소하고 있습니다. 앞으로 기술이 더욱 발달하고 산업이 고도화되면서 우리의 인간성을 어떻게 지킬 것인가는 중요한 과제가 될 것입니다. 이러한 상황에서 의료인들은 앞으로 어떤 역할을 하고, 무엇을 대비해야 할까요?

이 책은 4차 산업혁명시대의 그늘을 제대로 이해하고 여기에 대비하고자 하는 학생들에게 적합한 책입니다. 완전히 달라질 미래의 풍경을 상상해 보는 한편 내가 '건강한 노동'을 위해 어떤 역할을 할 수 있는지 생각하며 읽어보세요.

독후감

세계적인 미래학자들은 모두 2015년을 기준으로 4차 산업혁명의 시대가 도래했다고 입을 모으곤 합니다. 4차 산업혁명의 핵심기술은 없습니다. 모든 기술은 다른 기술과 연합하고 새로운 기술을 만들어내고 있을 뿐입니다. 인간의 모든 활동이 곧 핵심기술인 것입니다.

그러나 기계의 발전과 기술의 발전으로 인간은 행복해질 줄로만 알았는데 오히려 더 불행해졌습니다. 매년 우울증 환자는 늘어가고 있으며 똑같이 실업자들도 늘고 있습니다. 하지만 전체적인 경제는 더욱 부유해졌으며 소득의 불균형 또한 더욱 커졌습니다. 줄어든 것은 수면시간과 우리의 월급뿐입니다. 소득과 자본의 불균형이 모든 사회의 문제를 안고 왔다고 보는 시각도 적지 않습니다.

사회주의 사상가인 마르크스는 자본주의가 극에 달했을 때 비로소 사회주의 시대가 도래한다고 주장했는데요. 이런 일이 실제로 일어나고 있습니다. 회사는 소득을 공동분배하고자 하며 무상배급과 비슷한 복지를 실현하고자 하며 사회주의적 경영전략을 세우곤 합니다. 하지만 이것이 완전한 해결책은 아니지요. 현재 회사에 다니고 있는 인간이 건강하지 못한 것이 문제니까요. 인간의 건강한 활동이 핵심이 되는 4차 산업혁명에서 인간은 왜 이리 푸대접을 받고 있는 것일까요?

그 해답은 아직도 찾지 못하고 있습니다. 애초에 우리가 인간을 이해하는 방식이 잘못된 것이 아닐까요? 재미있는 이야기를 하나 하겠습니다. 항우울제를 개발하기 위해서는 우울증에 걸린 쥐가 필요합니다. 그런데 사람도 아닌 쥐를 어떻게 우울증에 걸리게 할 수 있을까요? 간단합니다. 일정량의 스트레스를 주고 그 상태를 유지하는 것입니다. 사육장을 기울인 상태로 유지하거나 축축한 톱밥을 깔아주거나 천적의 소리를 지속적으로 들려주는 방식처럼 말이지요. 이런 상태에 노출된 쥐는 점점 힘을 잃어가고 우리 인간이 그러는 것처럼 몸단장에 무관심해

4차 산업혁명에서 인간은 왜 이리 푸대접을 받고 있는 것일까?

지고 살도 찌게 됩니다. 우울함에 걸리는 일이 별 것 아니죠? 우리 사람도 똑같습니다. 수면 불균형, 아주 자잘한 스트레스, 무언가의 불만족에 계속 노출될수록 우리는 우리도 모르는 새에 우울증에 걸리게 됩니다.

이전의 기업가들이 생각했던 것들은 바로 이런 부분을 간과했습니다. 인간의 기본적인 본능을 전혀 고려하지 않은 채 오로지 업무상의 효율 그리고 적절한 보상만이 기업경영의 전부였습니다. 그렇게 사람들은 건강을 잃어 갔고 점점 사회도 건강을 잃어갑니다. 사회의 병은 다시 이것을 유도한 기업가에게 돌아오게 됩니다. 기업가들이 문제를 해결하고자 하는 이유입니다. 그러기 위해서는 이제는 인간에 대한 정확한 이해를 바탕으로 진정한 워라밸을 추구해야 합니다. 조직생활은 어디서나 있습니다. 우리는 나중에 직업을 가졌을 때 그 스트레스를 어떻게 해소할 것이며 더 나아가 사회적으로 어떤 변화를 도모해야 하는지

이 책을 통해서 생각할 기회를 가져야 합니다.

왜 일할수록 우리는 힘들어지는가, 생물학과 사회학적 관점으로 현대사회를 비판한 책, 댄 라이언스의 『실험실의 쥐』였습니다.

장은정 선생님의 독후활동 평가

독후감의 길이가 길지는 않지만 책의 내용을 매력적으로 요약, 기술하여 한 권의 책을 완독한 느낌이었습니다. 무엇보다 글이 짜임새가 있어 책을 읽은 후 쓴 독후감이라기보다는 독후감을 쓴 사람이 자신의 이야기를 하나의 완결된 글로 쓴 것 같았습니다.
다만 책을 읽게 된 동기나 책을 읽는 과정에서 자신이 알게 된 점, 책을 읽고 난 후 자신의 느낌에 대한 내용이 생략되어 있어 아쉬웠습니다. 책의 내용을 자신의 생각이나 경험과 연관 짓거나 책을 읽은 후 자신의 관점이나 사고의 변화, 이러한 변화를 야기한, 자신에게 중요한 내용들을 기술함으로써 독서를 통한 자신의 변화를 되돌아보고 책 속에 담겨 있는 많은 의미들을 반추해 볼 수 있을 것이라 생각됩니다.

최어진의 독후활동 평가

독후감을 쓸 때는 줄거리를 요약하기보단 자신에게 인상 깊었던 장면을 서술하는 것이 적절합니다. 그런 관점에서 평가한다면 제법 잘 쓴 독후감입니다. 여기에 책을 읽기 전과 후의 자신의 생각에 변화가 생겼는지, 또한 왜 그렇게 바뀌었는지까지 더한다면 더욱 좋은 독후활동이 될 것입니다.

조금 힌트를 드리자면 오늘날의 의료인들은 의학지식뿐 아니라 포괄적이고 광범위한 사회적 역량을 갖출 것을 요구받고 있습니다. 이제는 의료인들이 사회에 깊이 관심을 가지고 정서적으로 공감하며, 사회적 역할을 담당하면서 소속 사회의 번성을 추구해야 한다는 것입니다. 이 책을 읽고 수면 불균형, 스트레스, 우울증 등의 질병에 대해 어떤 새로운 관점을 얻게 되었는지, 그리고 내가 이런 문제를 다루는 데 있어 어떻게 기여할 수 있겠는지를 쓰면 됩니다.

세계화로 인해 변화하는 생태계를 읽는다 『지구의 밥상』

지구의 밥상 : 세계화는 전 세계의 식탁들을 어떻게 점령했는가
구정은, 김세훈, 손제민, 남지원, 정대연 공저 / 강윤중 사진 |
글항아리 | 2016. 01.

책 핵심구절

"'밥이 몸이다'라는 말처럼, 먹는 것이 우리 몸을 만든다. 개인의 몸만이 아니다. 먹거리는 정치, 경제, 사회의 모든 구조를 반영하며, 그 구조가 전부 합쳐져 나온 결과물이기도 하다. 글로벌화가 가장 크고 심각한 영향을 미치는 부문도 다름 아닌 먹거리다. 때 아닌 '집밥 열풍'이 한국을 강타하고 있는 데서 보듯이 인간의 가장 기본적인 욕구인 식욕마저도 비즈니스 대상이 됐고, 밥을 짓고 먹는 행위는 글로벌화된 거대 산업의 톱니바퀴 속에 끼어들어 간 지 오래다."

"'농업비지니스'와 '콜라 식민주의'에서 자유로울 수 있는 곳은 지구상 어디에도 없다. '밥상'은 세계가 얼마만큼 비슷해졌는지, 지역의 색

깔과 전통이 어떻게 사라지고 있는지를 보여주는 생생한 지정학적 공간이 되었다."

도시 주민들이 길 하나를 사이에 두고 기대수명이 2~30년 차이가 나는 것은 정상적인 상황이라고 할 수 없다는 점을 이해할 수 있다. 지식을 통해 포괄적으로 사회문제를 이해할 수 있게 한다.

의생명 분야 연결

✖ 서울대 식품생명공학 전공 소개

식품대사체학 연구실에서는 고속다중정밀 질량분석 시스템을 기반으로 식품완제품 및 식품소재 내 존재하는 다양한 대사체의 포괄적 분석을 통한 지표물질, 유효물질, 신규물질 발굴 및 검증에 관련된 연구를 하고 있습니다.

이는 생물학적 시스템(인체, 동물, 세포주)내의 대사유동성 분석 및 유전체, 단백체와의 상호연계분석을 통한 시스템수준의 기전 규명을 목표로 하며, 또한 동적 대사방향성 평가를 위한 대사플럭스 연구를 병행합니다.

✖ 주요 연구 분야

1) 식품대사체학 연구: 식품 및 식품소재내의 비표적-표적연계 대사물질

동정 및 정량분석을 통한 포괄적 평가 플랫폼 구축

2) 식품미생물대사체학 연구: 유전자 또는 환경인자 변화를 통한 대사생리적 변화기전 규명 및 신규생리물질 발굴

3) 생체 대사체학: 다양한 생체시료유래 다종분자 인식기술적용을 통한 인체분자네트워크 연구질량분석 플랫폼 및 빅데이터 마이닝 시스템 고도화: 질량분석 이미징 기술개발, 고속정밀 분석기술개발 및 생물정보학 플랫폼 개발 및 적용

내용 요약

1부 태평양의 콜라식민지

천연 구아바이자 비료생산지로 유명했고 한때 1인당 소득이 세계에서 가장 높았던 나우루 국민들의 이야기를 소개합니다. 경제 침체 후 값싸고 고열량의 음식(통조림, 콘비프)만 찾게 되어 전 국민의 90퍼센트가 비만이 되는 결과를 겪고 있습니다. 나우루의 주요산업은 조업권 등을 외국에 파는 채권사업뿐입니다. 소득수준과 국가가 정비해 놓은 인프라에 따라 국민의 건강이 어떻게 달라지는지 보여주고 있습니다.

2부 석유로 키운 채소

가장 큰 사막지역인 아랍에서는 의외로 녹색채소와 과일들이 상점에 즐비해 있습니다. 물론 전량 수입에 의존하죠. 최근 대한민국의 농업기

술을 이용하여 UAE에서 사막관개농업을 시작하기도 했을 만큼 식량 문제에 관하여 민감합니다. 세계 제일의 석유산지가 되면서 늘어난 자본과 인구를 감당해야 했기 때문이죠.

3부 식품사막 미국

사막에도 홍수가 난다는 사실을 아시나요? 홍수가 날 정도로 비가 많이 오는 지역이 있음에도 전체 사막 면적으로 따지면 평균 강수량이 현저히 낮기 때문에 사막이라고 합니다. 미국에서는 식료품의 사막이 존재한다고 합니다. 어느 식료품점을 가도 물건은 차고 넘치지만, 지역이 너무 넓은 것이 문제입니다. '자동차가 없으면 굶어 죽는다'라는 말이 나올 정도이죠. 자동차를 소유하고 있지 않다는 것은 소득 수준이 낮다는 것을 의미하며, 낮은 소득 수준의 가정일수록 보관이 용이한 인스턴트 식품, 냉동식품, 통조림들을 자주 구매한다고 합니다.

4부 가뭄이라는 아이

밖에서 궂은일을 많이 하고 와도 집에서 꼭 밥을 먹어야 하는 사람이 있습니다. '한국인은 밥심'이라는 말처럼 케냐인의 소울푸드는 '우갈리'라고 하는 옥수수전분을 물에 끓여 떡처럼 만든 음식이 있습니다. 옥수수는 쌀, 밀과 함께 세계 3대 작물 중 하나로 수많은 사람들이 옥수수를 주식으로 삼으며 살아가고 있습니다. 그러나 기후변화 때문에 점점 농사를 짓지 못하고 슬럼으로 내몰리는 안데스 사람들이 있습니다. 이들은 그저 '비바람의 방향이 바뀌었다'라고만 말할 뿐 불평하

미국 서부의 기업형 농장 전경. 선진국들은 농업기계화로 인하여 저 노동력으로 대량의 작물을 재배할 수 있다.

지 않습니다.

제5부 슬럼가의 생존법

인도의 쿠숨푸르에는 최대 100만 명이 거주하는 거대한 규모의 슬럼가가 있습니다. 그러나 우리가 알고 있는 슬럼가의 이미지와는 다르게 이곳에서 배를 곯을 일은 없다고 합니다. 거의 무상(쌀 10킬로그램에 4백 원)으로 식량을 공급받고 있기 때문입니다. 물론 인도의 식량생산량이 어마어마하긴 하지만 이 정도까진 아닙니다. 13억 명이 넘는 인구를 통제하기 위해서 정부에서 곡물가격을 제한하고 있다는 말까지 나돌 정도입니다.

식량 문제를 이야기하면서 가장 중요한 영양공급원인 당을 빼놓을 수 없지요? 설탕의 원산지는 인도입니다. 우리나라에는 5세기경 당나라를 통해 들어왔다고 합니다. 지금도 인도의 사탕수수, 사탕무의 재배 규모는 엄청납니다. 하지만 똑같이 달면서도 과일은 '돈 있는 사람들만 먹는다'고 하네요. 산업화 중심의 농업구조에 대해 재고해 봐야 하는 대목이 아닐까요.

6부 푸드뱅크, 풍요 속의 빈곤

영국, 대단한 나라이지요. 경제력, 군사력, 학문, 국제영향력 어느 한 곳도 뒤지지 않는 명실상부한 강대국입니다. 그런데 그거 아시나요? 7천만 영국인 중에 100만 명이 굶주리고 있다는 사실요. 영국은 아직도 암묵적인 귀족사회입니다. 신분별로 진출할 수 있는 사회가 구분되어 있죠. 빈부격차에 따라 갈 수 있는 슈퍼마켓 또한 다릅니다. 영국인들은 '슈퍼마켓 봉투만 봐도 어느 정도 사는지 알 수 있다'고 하니 말이에요.

이런 굶주림은 사회제도에 의해 만성적으로 생기는 것입니다. 굶주림을 퇴치하기 위해 유통기한이 거의 다 된 식량을 기부받는 푸드뱅크를 도입했지만 인식적인 문제와 자존심 때문에 여의치 않아 보입니다. 또한 이것이 과연 근본적인 해결책일까요?

7부 육식의 종말?

여러분이 인도의 패스트푸드점에 방문한다면 점원은 "베지, 논베지?"라고 물어볼 것입니다. 이때 "베지"라고 대답하면 채식주의자 전용의 음식을 받습니다. 최근 세계 각국에서 개인의 신념에 따라 채식주의를 선택하는 사람이 늘어가고 있지만, 인도에서는 종교적인 문제뿐 아니라 극심한 환경오염으로 인해 육식을 할 수 없는 상황입니다. 따라서 자연스럽게 채식과 비채식이 사회문화적으로 자리 잡고 있습니다.

가축사육 실태를 보면, 수도 시설이 정비되지 않아 시궁창이 흐르고 그것을 또 아무렇지 않게 가축들이 먹고 있다는 것을 알 수 있습니다. 이와 더불어 인구의 85퍼센트가 힌두교인이며 15퍼센트만이 무슬림인 인도에서 도축업은 무슬림의 직업일 수밖에 없습니다. 힌두교인들이 이슬람의 정육점을 공격하는 일은 더 이상 놀랍지 않은 일이라고 하네요. 식량과 문화가 사람들을 평화의 길에서 멀어지게 하는 듯 합니다.

8부 도쿄 주부와 베이징 주부의 고민

2011년 동일본 대지진과 이어진 후쿠시마 원전붕괴사고로 인해 일본인들의 후쿠시마산 농산물 기피현상은 날로 심해지고 있는 상황입니다. 정부에서는 항상 괜찮다고 발표하고 있지만요. 일본 국민들 중 이것을 진지하게 믿고 있는 사람은 없는 듯합니다. 또 중국 베이징의 한 주부는 매일 끼니를 요리하는 것이 걱정이라고 합니다. 유통망이 제대로 정비되어 있지 않아서 식료품들이 어디서 어떻게 생산되어 식탁에 오르는지 알 길이 없기 때문이죠. 세대 간의 인식 차이도 한몫을 합니다. 피자와 같은 서구식 음식을 선호하는 요즘 세대와 전전 세대(1945년 이전출생 세대)의 경우 음식에 대한 격차가 매우 크게 벌어지고 있습니다. 소비하는 음식이 달라질수록 생산과 수입에 차질을 빚게 됩니다. 세대 간의 거리를 좁히는 것 또한 식량문제 해결에 있어 상당 부분을 차지할 것 같습니다.

9부 기찻길 옆 텃밭

요즘 프랑스와 영국 등 유럽국가에서는 텃밭농업이 유행이라고 합니다. 우리나라에서도 주말농장이라는 제도가 있지요. 어떻게 생산되고 식탁에 오르는지 모르는 재료들로 안심하지 못하는 사람들이 자신의 텃밭에서 직접 채소를 길러 먹습니다. 건강한 채소를 얻을 수 있을 뿐 아니라 비용도 30퍼센트 정도로 저렴해진다고 합니다. 유기농에 대한 관심이 여러 방면으로 나타나고 있습니다.

10부 아바나에서 본 미래

우리 인류가 가야 하는 방향에 대해서 말하고 있습니다. '유기농이 답이다'라고 말하고 있는데요. 지속가능한 발전을 위해서 비용이 들지만 유기농법으로 재배하는 농산물을 소비해야 한다는 움직임입니다.

비료와 농약, 제초제를 사용하여 길러낸 채소와 유기농법 혹은 자연농법을 통해 길러낸 채소. 어떤 것을 먹을까요? 건강한 채소를 먹고자 하는 것은 인간의 순리이나 가격의 차이가 2배 이상 난다면 어떤 선택을 할 수 있을까요?

최근 우리 사회에서 극심한 빈곤을 겪는 상황은 줄어들었지만, 빈부 차이에 따라 고를 수 있는 식품의 질이 달라집니다. 유전자 변형 농작물, 농약과 제초제로 길러진 농작물, 유기농법으로 길러진 농작물 등을 구입할 때 우리에게 제대로 된 정보가 제공되고 있나요? 마트에 진열된 공산품에는 무수히 많은 첨가물이 포함되어 있으나 저렴하고 간편하기에 구입하기도 합니다.

안전한 먹거리는 우리 삶에 많은 영향을 끼칩니다. 최근 원인불명의 아토피 등의 피부질환, 알레르기 질환이 생겨나는 것도 먹거리와 무관하지 않습니다.

어떤 음식을 먹어야 할까요? 보다 건강하고 안전한 먹을거리에 대한 고민을 하고 있다면, 우리 사회의 부와 먹거리의 관계에 대해 알고 싶다면 이 책을 꼭 읽어봐야 할 것입니다.

이수잔 선생님의 도서 활용방안

『지구의 밥상』은 세계의 식탁을 둘러싼 사회의 구조, 사회문제를 이해할 수 있는 책입니다. 많은 사람들의 관심 밖에 있는 이야기지만, 우리 학생들도 알아야 하는 내용입니다. 세계화가 진행되면서 좋아진 것들도 있지만 부익부 빈익빈 현상은 더욱 심화되고 있습니다. 강대국에서는 건강한 음식과 웰빙, 다이어트가 화두이지만 약소국가에서는 자선 구호 단체 TV 광고에서 보이는 것처럼 빈곤의 문제가 심각합니다. 잘 사는 것처럼 보이는 나라 안에서도 부익부 빈익빈 현상은 있습니다. 이런 상황에서 우리가 가야 할 길은 무엇일까요? 유기농법을 이 책에서는 대안으로 제시하고 있습니다.

중고등학교 시절을 돌이켜보면 공부해야 할 학습량도 정말 많고 책을 읽을 시간도 많지 않았던 것 같습니다. 그러나 세상을 이해하는 지적인 수준이 향상되는 시기인 만큼 좋은 책들을 읽으면서 교양을 쌓는 것도 놓칠 수 없는 부분입니다. 세상에 대한 안목과 이해를 넓이는 책을 추천합니다. 이 책을 읽고 친구들과 함께 토론해 보는 것도 좋을 것 같습니다. 많은 생각을 해볼 수 있는 책입니다.

하승민 선생님의 도서 활용방안

식욕은 사람의 가장 원초적인 욕구이자 가장 쉽게 충족시킬 수 있는 욕구이기도 합니다. 그래서 그런지 최근 음식이 하나의 콘텐츠가 되어 TV나 대중매체에서도 음식 리뷰·먹방 등이 흔히 보이고, 사람들도 맛집 투어나 먹방 등 개인영상매체나 SNS 등을 통해 음식에 대한 큰 관심을 드러내고 있습니다.

그러나 우리가 먹는 음식이 어떻게 우리 식탁까지 오게 되었는가를 생각해 보는 기회는 많이 없었던 듯합니다. 이 책 『지구의 밥상』은 최근 우리가 가장 관심을 많이 보이는 음식을 통해 세계화 현상과 사회문제에 대해서 생각해 보게 합니다. 오늘날 지구촌에 드리운 사회문제는 기아문제·지구온난화로 인한 기후변화·빈부격차 등 너무나 많습니다. 그러나 이러한 문제를 우리는 막연하게 느낄지도 모르겠습니다. 왜냐하면 자신이 현재 겪고 있지 않는 일이기 때문입니다.

하지만 이 책을 읽다 보면 그러한 사회문제들이 마냥 남의 일만은 아니라는 것을 알 수 있습니다. 우리가 남의 일처럼 생각하던 세계 여러 나라의 사회문제가, 사실은 우리의 식탁에도 직접적인 영향을 미친다는 것을 알려주기 때문입니다. 이처럼 우리에게 친숙한 세계의 '음식'과 '식문화'에 집중하며 사회 문제를 직접적으로 느끼고, 이를 자신의 문제로서 고민해 볼 수 있게 하는 것이 이 책의 가장 큰 장점이 아닌가 합니다. 그리고 더 나은 세상을 위해서는 '모두의 힘'이 필요하다는 것을, 다시 한 번 깨닫게 되는 기회가 될 것입니다.

값싼 외국 농산물의 수입이 날로 늘어 대한민국의 식량 자급률은 50퍼센트 미만에 그치고 있지만 우리의 주식인 쌀의 자급률은 2015년부터 105퍼센트 정도입니다. 쌀은 국가적으로 무기와 같은 전략물자에 해당하는 귀중한 자원인 것 아시나요? 특히 우리나라는 해상이 봉쇄되면 식량을 조달할 방법이 없어 더욱 그렇습니다.

하지만 이러한 전략적인 움직임을 취할 수 있는 국가는 지구상에 몇 되지 않습니다. 1인당 GDP가 1500달러에 그치는 에티오피아의 일반적인 국민들은 채소조차 먹을 수 없습니다. 이 나라의 주요 산업은 커피와 카사바 등 농업이지만, 농사지은 작물들은 모두 수출하기 때문입니다. 유럽의 선진국들이 자국의 국토에서 농사짓는 것보다 값싸게 농산물을 수입할 수 있도록 구조를 만든 것입니다. 무력으로 식민지를 넓혀갔던 20세기와 달리 자본이 잠식하는 21세기형 식민지인 것입니다.

『지구의 밥상』에서는 자본이 지배하는 사회는 국가도 국경도 없다는 것을 보여주고 있습니다. 20세기에 수탈하는 것도 수탈당하는 것도 국가였지만 이제는 자본이 존재하는 사회라면 어디서든지 이러한 현상이 일어날 수 있다는 것입니다. 초강대국인 미국도 예외는 아닙니다. 미국드라마나 영화를 보면 먹는 음식들이 통조림 혹은 피자인 것을 심심찮게 볼 수 있습니다. 저소득층에서는 마트가 너무 멀어 차가 없으면 식료품을 사기 힘드니 소득이 적을수록 오래 보관이 용이한 통조림

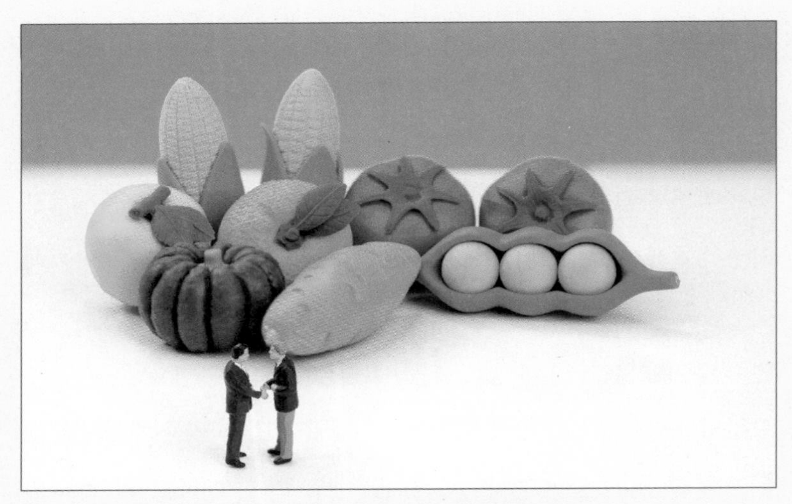

고기보다는 신선한 야채를 더 선호하는 세상이 되었다.

을 주로 구매합니다.

그러나 고소득층에서는 웰빙, 유기농, 동물복지, 공정무역 제품을 선호하고 또 그러한 제품 대부분의 소비가 미국과 유럽 상위소득층에서 일어납니다. 무언가 이상하지 않나요? 건강을 위해 바른 먹거리를 소비하고자 하는 움직임이 일어나는 곳이 바로 상류층인데 그 상류층은 하류층의 희생으로 만들어진다는 것입니다. 물론 인간이 모두 장사꾼은 아니기에 잉여 식량을 무료로 나누는 푸드뱅크 등 구제하려는 움직임이 보이긴 합니다. 이에 더해 2011년 후쿠시마 원전 폭발사고나 중국의 급속한 산업화로 인한 환경오염도 인간의 먹거리에 악영향을 끼칠 수밖에 없습니다.

정녕 해결책은 없는 것일까요. 지금도 세계 각국에서는 이러한 실태에 대한 고발이 이어지고 있으며 해결책도 제시되는 상황입니다. 하지만 기득권(현재의 산업화된 선진국, 우리나라도 예외는 아니지요)이 이익을 포기하지 않는 이상 완전한 해결책이 있을까요. 식량문제를 자본과 사회구조, 환경오염의 영향으로 접근한 책, 『지구의 밥상』이었습니다.

김현진 선생님의 독후활동 평가

식량 문제를 자본과 사회구조, 환경 오염 등의 시각으로 접근한 내용을 정리하고 있습니다. 식량자급률에 대한 고민, 자본이 바꾸어 놓은 먹거리 지도와 인근 국가와의 관계, 환경오염에 따른 안전한 먹거리에 대한 고민을 정리하고 있으며, 이에 대한 해결책으로 푸드뱅크 실천, 유기농법 등을 안내하고 있습니다. 그러나 무엇보다 중요한 것은 고소득자는 웰빙을 실천하며 유기농, 동물 복지, 공정무역에 힘을 쏟고 있으나 저소득층은 재화의 부족으로 이를 실천할 여력이 없다는 데 있음을 이야기하고 있습니다.

이러한 사회 현상을 명확히 이해하고 표현하고 있으며, 우리나라의 상황과 접목시키려고 노력하고 있습니다. 우리나라의 상황을 좀 더 세밀하게 들여다보았으면 하는 아쉬움이 남지만, 식량에 대한 문제를 제기하고 현상을 이해하는 것이 좋았습니다.

이수잔 선생님의 독후활동 평가

『지구의 밥상』이라는 책의 내용을 일단 잘 소화하고 자신의 언어로 표현한 독후감 같습니다. 21세기형 자본주의 식민지 형태는 선진국들이 후진국들의 식량을 수입하고, 후진국들은 농사지은 작물들을 전량 수출하기도 합니다. 『지구의 밥상』에서는 자본이 지배하는 사회는 국가도, 국경도 없다는 것을 보여줍니다. 식량문제를 자본과 사회구조, 환경오염의 영향으로 접근한 부분은 이 책의 핵심을 잘 요약하고 있습니다.

그런데 단락이 나눠져 있지가 않아서 조금 불편합니다. 긴 글은 아니지만 서론, 본론, 결론의 논리적인 구분이 좀 나눠져 있다면 읽기에 수월할 것 같습니다. 『지구의 밥상』 9부, 10부에서는 세계 식량 문제의 해결방안을 '유기농'으로 제시하고 있습니다. 그런데 독후감에서는 유기농에 대한 내용이 별로 없습니다. 이 책에서 해결책으로 제시된 만큼 중요한 부분이라고 생각이 되는데, 그 부분에 대한 평가나 의견이 다루어지지 않아서 좀 아쉽습니다.

하승민 선생님의 독후활동 평가

이 독후감의 가장 큰 특징은 독자를 능동적으로 만드는 글의 흐름입니다. 그리고 이러한 특징을 긍정적으로 생각합니다. 대부분의 독후감은 책을 읽은 사람의 생각이나 느낌이 중시되는 반면, 이 독후감은 책에서 소개된 사회문제에 대해 독후감을 읽는 사람에게 생각할

거리와 책의 내용을 궁금하게 만듭니다. 또한 책의 핵심내용 역시 잘 짚어내고 있습니다. 독후감을 읽고 있으면 마치 책을 소개하는 아나운서가 읽어주는 느낌을 들게 합니다.

아쉬운 점은, 이 글이 시각적으로도 글의 내용을 정리해 주었으면 좋았겠다는 것입니다. 즉 문단의 구분이 없어 서론, 본론, 결론이 한눈에 들어오지 않고 가독성이 좋지가 않습니다. 글을 읽는다는 것은 시각활동이기에 이러한 부분 역시도 좋은 글의 필수적인 요소라고 생각합니다. 또한 내용적으로도 서론과 본론, 결론이 보다 명확하면 좋겠다는 생각이 듭니다.

무엇보다도, 책에 소개된 내용을 줄이고, 책을 읽은 사람의 생각과 의견이 들어간다면 더욱 훌륭한 독후감이 될 수 있을 것 같습니다. 독후감을 읽는 사람의 생각을 물어봄으로써 참여를 권하는 것도 좋지만, 독후감을 쓴 사람의 의견도 어떤지 궁금해집니다.

이 책은 수와 마음이 밀접하게 관계를 맺고 있으며
이는 인간의 삶에 깊숙이 자리하고 있음을 이야기합니다.
시대적 배경과 삶의 환경에 따라 수를 인식하는 방식,
수학적 행위가 변화하고 있다는 것입니다.

PART 5

수학으로 만나는 융합형 의생명 진로 도서

수학으로 사회의 원리를 생각하다 『수학의 쓸모』

수학의 쓸모: 불확실한 미래에서 보통 사람들도 답을 얻는 방법
닉 폴슨, 제임스 스콧 저 / 노태복 역 | 더퀘스트 | 2020.04.

책 핵심구절

“환자 중심 소셜 네트워크들을 둘러보자. 위장장애를 앓는 사람들을 위한 크로놀로지, 외상후스트레스증후군을 앓는 군인들을 위한 티아트로스, 다종다양한 여러 질환을 앓는 이들을 위한 패이션츠라이크미 등이 그 예다. 이들은 페이스북과 마찬가지로 개인화 알고리즘을 바탕으로 운영된다. 환자는 자신을 치료와 생활방식 개선을 위한 추천에 쓰이는 주요 자원으로 여기며, 과학자는 그런 환자를 의료 관련 추천 시스템을 향상시킬 의료 데이터의 소중한 보고로 본다.”

“매우 복잡한 패턴들도 있다. 그런 복잡성을 다루기 위해 과학자들은 잠재 특성 모형으로 점점 관심을 돌리고 있는데, 바로 대규모 추천 시

스템을 구축하기 위해 지난 10년간 실리콘밸리에서 개발한 것과 같은 종류의 모형이다. 그 모형을 이용해 데이터를 분석하면, 왜 어떤 암 환자들은 특정한 약에 반응하고 다른 암 환자들은 반응하지 않는지를 밝혀 낼 수 있다. 암 연구자들이 환자들의 '유전자 프로파일링'을 이용해 맞춤형 치료법을 제공하게 되는 것이다."

수학이 산업의 다양한 분야에 활용되고 있으며, 유전자프로파일링과 같은 첨단의료기법에 수학이 밑바탕을 이루고 있는 가운데, 그 과정에서 어떤 공식이 사용되는지 이해할 수 있다.

의생명 분야 연결

✖ 서울대 기초의학교실 중 의공학교실 소개

의과대학 내에서 의공학교실이 설립된 것은 의공학이 독립적인 학문 분야로 자리매김을 하게 되었다는 것과 동시에 의학에서의 필요성과 중요성을 동시에 입증하게 된 것이라고 할 수 있습니다. 서울의대 의공학교실의 독립은 국내대학으로는 최초의 일이었으며, 그 이후 국립대학을 시작으로 여러 의과대학들이 의공학교실을 설립하게 되었으므로 우리나라 의공학의 체계적인 기틀 확립에 중추적인 역할을 하였다고 할 수 있습니다.

또한 공과대학과의 연계를 통한 의공학교육 및 협동연구를 실시함으로써 단과대학의 벽을 넘어선 새로운 융합학문으로 자리매김하였습니다. 이 과정에서 의용생체공학전공 협동과정을 만들고 그 운영에 있어 중추적 역할을 수행함으로써 공과대학 내 학제 간Interdisciplinary 교육프로그램의 성공적 확립에도 기여하였습니다.

의공학교실은 의과대학생들에 대한 학부과정 및 대학원과정에서 의학 분야에 적용되는 공학적 원리와 기술을 소개하는 다양한 과목의 교육을 담당하고 있으며, 의과대학 졸업자 중 의공학을 전공하고자 하는 학생들에 대한 학위과정을 운영함으로써 기초의학 분야의 새로운 전공과정으로 자리 잡게 되었습니다.

내용 요약

1부 넷플릭스가 취향을 읽는 법 : 확률이라는 언어

넷플릭스 시스템이 생겨나게 된 배경을 설명하고 있는 장입니다. 넷플릭스는 가입자에 관한 데이터를 가지고 있습니다. 넷플릭스는 다른 데이터 기반 사업에 없는 장점 두 가지가 있는데, (1) 데이터와 관련된 적절한 질문에 답을 내릴 수 있는 확률에 관한 깊은 지식, (2) 이런 답을 중심으로 사업 전체를 재구성하려는 용기가 그것입니다. 이를 바탕으로 넷플릭스는 AI를 활용하여 개인화 작업을 가장 잘하는 기업이 되었다는 내용입니다.

미래의 화두로서 불확실성은 확고한 위치를 차지하고 있다. 코로나 19, 미중 갈등, 4차 산업 혁명으로 인한 대량 실업. 수학이라면 답을 알고 있을까?

2부 수식 한 줄로 미래를 계산하기 : 패턴과 예측 규칙

패턴인식 시스템이 작동하는 방법을 소개하고 있는 장입니다. 기본적으로 핵심 개념이 두 가지인데 아래와 같습니다.

1) AI에서 '패턴'이란 예상되는 출력에 입력을 대응해보는 예측 규칙이다.

2) '패턴학습'이란 훌륭한 예측 규칙을 한 데이터 집합에 맞추는 것이다.

그리고 AI의 예측 규칙의 의미와 활용에 대해 다루고 있으며, 데이터 집합에서 모형을 훈련시킨다는 것, 한 모형을 다른 모형보다 낫게 만든다는 것 등의 의미를 데이터 사이언스의 관점에서 이해할 수 있도록 설명하고 있습니다.

자연언어처리방식을 활용한 챗봇은 이제 일상생활에서 쉽게 접할 수 있다. 보이는 ARS 등도 챗봇의 일종이라 할 수 있다.

3부 데이터의 홍수에서 살아남기 : 베이즈 규칙

로봇을 움직이는 데이터를 만들거나 보다 정밀한 결과값을 얻기 위해 사용되는 베이즈 정리를 소개하고 있습니다. 특히 베이지언 검색도구에 대한 설명이 있는데, 총 4단계의 프로세스로 진행됩니다. 첫 번째는 검색창에 사전확률의 지도를 작성합니다. 두 번째는 사전확률이 가장 높은 장소를 찾습니다. 세 번째는 데이터를 기반으로 수정한 내용을 찾아내고 변환합니다. 네 번째는 위의 과정을 반복하는 것입니다. 이러한 과정을 거쳐 나온 결과를 로봇이나 자율주행자동차를 만드는 데 활용하고 있습니다.

4부 디지털 비서와 대화하는 법 : 통계와 알고리즘

기계가 인간의 언어를 배우는 과정에 대해 소개한 단원입니다. 그레이스 호퍼라는 여성 코딩 전문가는 인간-기계언어 상호작용을 진행할 수 있는 체계를 만들기 시작하였습니다. 한편 철학자들은 방법적 지식과 사실적 지식으로 지식을 구분하는데, 방법적 지식의 경우 자전거를 타는 방법과 같이 어떤 행위 등을 할 수 있는 프로세스를 알려주는 것입니다. 이에 비해 사실적 지식은 어떤 사건이 몇 년도에 일어났다는 현상을 사실적으로 다룬 것입니다. 자연언어처리방법은 결국 방법적 지식의 한 형태로 다양한 언어를 처리하는 방법을 통계를 활용하여 만들어낸 경우입니다.

5부 행운과 스캔들 사이 : '이상'을 탐지하라

디지털 시대가 되면서 평균값의 원리뿐만 아니라 변동성의 원리에도 주목해야 한다는 점을 소개하고 있는 장입니다. 과학자 뉴턴이 영국의 경기변동을 예측하지 못하여 발생한 피해를 담은 에피소드, 드무아브르의 정리(제곱근 규칙)의 적용 사례 그리고 AI시대의 이상증후 탐지방법 순서로 제시합니다. 이를 통해 데이터 수집, 평균내기, 그리고 이 과정에서 변동성을 고려하여 마지막 단계에서 의사결정을 해야 한다고 합니다. 의사결정 과정에서 평균이 예상치와 충분히 가까운지 아니면 정상적인 변동성의 범위 바깥에 위치해 있는지를 판단근거로 삼아야 한다는 점을 강조합니다.

6부 일상에서 틀리지 않는 법 : '잘 세운 가정'의 힘

AI시대에도 인간이 똑똑해야 하는 이유를 제시하면서 인간이 세운 가정을 바탕으로 컴퓨터가 계산을 한다는 것을 그 이유로 강조하고 있는 장입니다. 두 야구 선수의 안타기록에 대해 복리규칙을 적용하면 앞으로의 전망을 알 수 있고 동시에 이 자체의 가정이 잘못된 경우 엄청나게 나쁜 결과값을 얻을 수도 있다는 위험성을 말해 줍니다.

특히 '가정 모형화'를 할 때 연속된 동전을 던지는 상황을 떠올리게 하면서, 첫 번째 동전을 던지는 것과 두 번째 동전을 던지는 것 사이에는 아무런 연관성이 없다고 말하는 독립확률 등 다양한 확률의 개념을 잘 이해해야 정확한 가정을 세울 수 있다는 점을 알려줍니다.

7부 다음 혁신이 일어날 곳은? : 공중보건과 데이터 과학

크림반도 전쟁 중 나이팅게일이 확률의 사고를 가지고 부상자들의 추가 감염 문제를 해결한 것을 소개하는 장입니다. 이런 사례를 통해서 수학의 개념이 의료현장에 적용될 수 있음을 보여줍니다. 특히 GFR(사구체여과율) 수치를 나이와 시간대별로 조사하면서, 죽음의 위험으로부터 목숨을 건진 '조'라는 환자의 얘기를 들려줍니다.

이렇게 한 개인의 의료정보를 통해 정확한 진단과 적절한 처방이 이뤄지는 것이 가능하며, 이는 수학의 힘이라는 점이 강조됩니다. 다만 개인의 의료정보가 동의 없이 퍼뜨려질 수 있는 위험성을 제기하면서 시스템적인 보안과 대응 방안 마련까지도 생각해야 한다는 것을 제기하면서 글을 마칩니다.

읽어볼만한 내용

프라이버시를 지키는 방법 중 이 책에서는 다음과 같은 내용을 소개하고 있습니다. 차등 프라이버시라는 새로운 기술이 있습니다. 통계학자들과 기계 학습 연구자들은 데이터 프라이버시를 고심해 왔으며, 부차표본추출, 암호화 해싱, 노이즈 주입과 같이 개인의 기록을 안정하게 지켜주는 다양한 수학적 기법을 고안하였습니다. 이런 새로운 프라이버시 알고리즘들을 활용하는 의료 데이터 저장 시스템은 정확한 예측 규칙을 찾아내면서도 아울러 누군가가 환자에 관한 사적인 내용을 빼가지 못하도록 할 수 있게 만듭니다.

지금은 대다수 병원이 이런 종류의 알고리즘을 제대로 구현해 내지 못하고 있지만 이런 알고리즘들은 일상에서 쓰이고 있습니다. iOS나 안드로이드에서 운영되는 신형 스마트폰에 내재되어 가령 문자 메시지를 보낼 때 메시지의 보안을 확실히 지키면서 동시에 어느 자동 교정 권고를 무시할지 분석할 때 이용됩니다.

한편, 많은 전문가의 제안대로 병원들은 이미 뚫려 있는 정보보안의 구멍을 메꿔야 하는데, 그러려면 보안을 최우선으로 고려하는 회사의 클라우드 기반 시스템으로 이전해야 합니다. 병원 서버에 이미 저장된 데이터가 의료 서비스 향상에 이용되느냐 여부와는 아무런 관계없이 말입니다.

박현성 선생님의 도서 활용방안

제가 수학 관련 서적을 선택할 때 한때는 수학자의 어려운 수학이론을 이해하여 그 이론을 모르는 사람들에게 설명하여 똑똑하게 보이기 위하여 수학책을 선택한 적도 있었습니다. 하지만 내가 어려운 수학 이론을 이해하기도 힘들었고, 그 어려운 수학이론을 이해하였을 때 이 이론을 배우고자 하는 사람도 없었습니다.

이제 여러분은 이해하기 힘들고 관심 없는 수학이 아닌 생활에서 활용되는 수학을 만나길 바랍니다. 저는 삶 속에서 흔히 맞닥뜨릴 수 있는 문제들과, 수학과 관련이 없을 것 같은 문제들을 어떻게 수학에 활용하면 정답에 이를 수 있는지를 알고 싶습니다. 저와 같은 생각을 가진 친구들이 있다면 『수학의 쓸모』를 지금 이 순간 만나보길 바랍니다. AI, 빅데이터, 환자중심 소셜 네트워크, 유전자 프로파일링 등 미래를 향한 키워드들이 서로 연결되어 먼 미래가 아닌 지금의 코로나 전쟁에서 나의 건강을 챙기는 방법을 수학적으로 생각해 보게 될 것입니다.

이수잔 선생님의 도서 활용방안

『수학의 쓸모』는 수학을 왜 배워야 하는지? 의문을 가지고 수학이 세상에서 가장 쓸모없는 학문이라고 생각하는 소위 수포자 학생들이 읽어보면 참 좋을 만한 책입니다. 페이스북을 하다가 뜨는 광고를 보면서

가끔 놀랄 때가 있습니다. 필요하다고 머릿속에 생각했던 그 물건에 대한 광고이기 때문입니다. 한두 번이 아니었습니다.

통계에 바탕을 둔 마케팅, 빅 데이터 기술은 우리 생활 속에 자리 잡은 지 벌써 오래입니다. 의학 분야에서도 통계는 큰 비전이 있습니다. 잠재적 환자에 대한 연구, 적절한 치료 및 처방 등에 관한 의공학적 기술은 앞으로도 계속 개발될 것이며 이는 평균수명을 더욱 연장시킬 것이 분명합니다.

한편 발전하는 기술에 걸맞은 개인 정보 보호, 보안에 대한 적절한 조치가 필요합니다. 기술과 보안이 균형을 이루어 발전한다면 우리의 생활은 지금보다 더욱 크게 기술과 친밀해질 것입니다. 미래 삶의 주역이 될 청소년들이 이 책을 읽고 세상의 변화를 이해하며 필요한 진로를 발견하는 데 큰 도움이 되리라 생각됩니다.

정지영 선생님의 도서 활용방안

살면서 '수학을 왜 공부해야 하는가'라는 의문을 제기해 보지 않은 사람은 없을 것입니다. 의학을 공부하는 사람도 마찬가지일 것입니다. 확률이라는 언어로 넷플릭스가 취향을 읽는 법이나, 패턴과 예측 규칙으로 미래를 예측하고, 로봇을 움직이는 데이터를 만들거나 보다 정밀한 결과 값을 얻기 위해 사용되는 베이즈 규칙 등은 듣기에는 따분하지만 실제 생활과 밀접하게 연계되어 있어 읽는 것이 전혀 지루하지가 않습니다.

이에 더하여 통계와 알고리즘이라는 많이 들어본 듯한 소주제부터 디지털 시대가 되면서 평균값의 원리뿐만 아니라 변동성의 원리에도 주목해야 한다는 점, '잘 세운 가정'의 힘 등의 단원은 교과서를 벗어난 수학의 힘을 잘 보여주고 있습니다.

하지만 이 책이 진정으로 가치가 있는 것은 이러한 수학을 공중보건에 활용한다는 매우 현실적이고 구체적인 사례 제시로 의학도를 꿈꾸는 학생들에게 수학에 대한 관심을 가지게 해주는 것입니다. 순수 학문인 수학은 그 자체로만 있으면 도태되기 쉽습니다. 요즘처럼 간학문이 인기인 시대에 의학과 연결을 한다면 더 이상 따분한 수학이 아닌 즐거운 생활 학문이 될 것입니다.

독후감

미래의 의료인에게는 어떤 능력이 필요할까? 이 물음에 답하기 위해서는 의료환경의 변화와 그에 따른 의료인의 역할을 알아야 한다고 생각됩니다. 마침 『수학의 쓸모』라는 책에서 미래 의료환경의 변화와 의료인에게 필요한 역할을 동시에 알 수 있었습니다. 제목만 보면 수학으로 풀어내는 세상의 원리로 볼 수 있지만 책 내용은 인공지능 시대에 수학의 활용 방법과 실제 사례 그리고 마지막 단원에서는 의료혁신을 얘기하면서 미래의 의료변화를 예측하고 있습니다.

미래의 의료환경은 정밀의료와 맞춤형 의료로 이뤄진다고 생각됩니다. 정밀의료의 경우에는 일반적인 질병치료에 요구되는 인간 게놈분석, 유전자 프로파일링처럼 인간의 의료정보를 방법적 지식의 차원에서 접근하는 것으로 이해했습니다. 한편 맞춤형 의료의 경우에는 동일한 인간 게놈분석과 유전자 프로파일링 기술을 적용한다고 할지라도 한 개인의 의료정보를 정확하게 알아서 타인과의 차이점을 구분해 내는 작업이 부가적으로 이뤄지는 것으로 이해했습니다. 이를 사실적 지식 차원에서 이해할 수 있었습니다.

특히 의료환경 변화 중 영상의학의 발전이 놀라웠습니다. 흉부 X선 촬영에서 현미경을 통한 암세포 검사에 이르기까지 여러 유형의 의료영상 분석은 고전적인 패턴 인식 방법을 따릅니다. 즉, 데이터가 많을수록 패턴 인식 알고리즘이 새로울수록 예측 능력이 좋아지는 것입니다. 그런데 컴퓨터 비전이란 접근법이 나오면서 혁신이 일어났습니다. 심층신경망 원리를 활용하여 특정 의료자료에 나타난 시각적 특징들을 추출한 뒤 조합해 원과 모서리, 줄무늬, 질감 또는 색상 변화의 뉘앙스와 같은 고해상도의 시각적 개념들을 창조하게 됩니다. 이를 이용해서 2,000가지 피부 병변을 구별할 수 있게 되었고 프로그래머의 개입 없이 자동으로 이뤄지기까지 합니다.

이러한 변화를 볼 때 수학적으로 본다면, 의료인에게 필요한 것은 적절한 가정 세우기입니다. 즉 컴퓨팅 기술은 기본적으로 특정 값을 입력한 다음, 이것을 처리하는 방법이 발전된 형태의 작업을 제공합니다. 그러므로 피부과를 예로 들면, 기존에 피부질환 환자들의 특징과 피부질환의 모습 등을 정확하게 이해하고 이를 의료데이터 값으로 넣어야 합니다. 동시에 특정한 기준점을 설정하여 유사한 피부질환과 구분해야 할 것입니다. 이런 맥락에서 본다면 의료인들에게 필요한 것은 오히려 현장진료의 세심함이라고 생각됩니다.

의식주 환경이 변화하면서 새로운 피부 질환이 생겨날 수 있습니다. 이를 피부과 의사는 정확하게 진단하고 치료해야 하며, 동시에 기존의 질병과 어떻게 다른지를 밝혀내야 합니다. 이런 과정을 거친 뒤 의료데이터적으로 유의미한 정보를 의료정보 시스템에 입력해야 할 것입니다. 그렇다면 과거의 질병에 대한 정확한 진단과 치료는 의료정보 시스템이 대신해 줄 수 있지만, 최근에 나타난 새로운 질병이나 돌연변이 형태의 질병은 진료하는 의사가 판단하여 그것에 특정 값을 부여해야 할 것입니다.

이렇듯 미래의 의료환경이 변화하는 것과 의사의 역할 간의 관계에 대한 생각을 적어보았습니다. 기존 의료데이터를 바탕으로 정확하고 개인맞춤형 질병치료가 이뤄지는 것이 미래의 의료환경이라고 생각합니다. 의사의 역할은 두 가지로 나눌 수 있습니다. 첫 번째는 새로운 기술 도입에 따른 데이터 처리와 AI기술 활용 등을 진행하는 의사가 있습니다. 이는 새로운 신기술을 의료현장에 도입하고 활용하는 의사입니다. 이와 달리, 의료현장에서 환자를 대상으로 치료를 하면서 새로운 질병을 발견하고 돌연변이형 질환을 찾아내는 것도 하나의 의사 모습으로 볼 수 있습니다.

결국 미래의 의사의 역할을 고전적인 형태와 혁신적인 형태가 동시에 공존할 것으로 예상해 보았으며 이는 『수학의 쓸모』 책을 읽음으로써 가능했습니다.

박현성 선생님의 독후활동 평가

『수학의 쓸모』 독후감을 통해 미래 의료 환경의 변화와 미래 의료인에게 필요한 역할을 생각해 볼 수 있었습니다. 하지만 모든 사람이 『수학의 쓸모』를 읽고 같은 결론에 도달한다면 이 책의 재미는 반감될 것입니다. 우리는 미래 의료 환경의 변화를 패턴을 통해 함께 예측해 볼 수 있더라도, 의료인에게 필요한 역할은 상상과 나의 경험을 통해 자유롭게 정립할 수가 있기 때문입니다.

이 독후감은 독자들이 미래 의료인의 역할을 생각하는 하나의 예시이기에 이 책을 읽은 독자들은 무수히 많은 다른 의견을 담아낼 수가 있습니다. 이 책의 백미는 여기에 있습니다. 함께 읽어도 다르게 상상할 수 있는 것! 그것이 바로 수학적으로 세상을 사고하는 눈을 여러분이 이 책을 읽고 나도 모르게 가지게 되었기 때문입니다.

이런 맥락에서 독후감은 새로운 생각거리를 담아내는 그릇입니다.

이수잔 선생님의 독후활동 평가

"미래의 의료인에게는 어떤 능력이 필요할까?" 질문에 대한 답을 제시하는 형식입니다. 미래의 의료인에게 필요한 능력을 설명하고 미래의 의료의 형태는 고전적인 형태(환자를 대상으로 하는 치료), 혁신적인 형태(의료 데이터를 기반으로 새로운 질병 발견)가 함께 이루어질 것을 예상하고 있습니다. 만약 의학 계열을 지원하는 학생이 이러한 독후감 또는 면접에서의 답변을 했다면 현재와 미래를 꿰뚫는 통찰력에 평가자들이 아마 큰 점수를 주리라 생각됩니다.

『수학의 쓸모』의 목차와 내용 요약에서 볼 때 이 독후감은 주로 〈Ⅶ. 다음 혁신이 일어날 곳은? 공중보건과 데이터 과학〉장에 해당되는 내용을 가지고 글을 썼습니다. 책을 읽고 가장 중요한 것은 자신의 삶과 연결하는 능력입니다. 처음부터 끝까지 요약정리를 하는 것보다 책을 조금 읽더라도, 자신에게 적용할 부분을 발견하고 의미를 부여하는 일이 필요합니다. 자신만의 생각을 그냥 상상하여 제시하는 것이 아니라 나름 타당한 근거를 바탕으로 정리를 한다면 설득되는 느낌을 받습니다.

정지영 선생님의 독후활동 평가

『수학의 쓸모』라는 책이 궁극적으로 이야기하고자 하는 것은 의료인의 변화된 역할에 관련된 것이라는 것을 정확히 파악하고 있고, 이를 자연스럽게 미래의 의료환경이 정밀 의료와 맞춤형 의료로 연결된다는 것으로 연결하는 등 글 흐름이 매우 자연스럽습니다. 특히 의료환경 변화 중 영상의학의 발전이 놀라웠다는 구체적인 사례를 든 점도 매우 인상적이었습니다.

아쉬운 점이 있다면 '의료인에게 필요한 것은 적절한 가정 세우기이다'라는 부분입니다. 이 표현이 적절하고 내용도 좋지만 이 책 전체에서 수학과 관련하여 의료인이 할 수 있는 부분은 더 있지 않을까요? 책에 관련된 모든 내용을 쓸 필요는 없지만 의료인에게 필요한 것에 대해 수학과 연결하여 한두 개만 더 언급해 줬으면 합니다. 이에 더하여 의사를 새로운 기술 도입에 따른 데이터 처리와 AI기술 활용 등을 진행하는 의사와 의료현장에서 환자를 대상으로 치료를 하면서 새로운 질병을 발견하고 돌연변이형 질환을 찾아내는 의사로 나누었는데 이 부분이 명확하지 않습니다. 이렇게 나누는 것이 과연 가능할까요?

독후감은 글을 읽지 않은 사람도 이해할 수 있는 가이드 역할을 해야 한다고 생각합니다. 특히 자신의 생각과 관련해서는 가능하면 친절한 설명을 해주는 것이 좋을 듯합니다. 그렇지 않으면 논리의 비약이라는 오해를 사게 되니까요!

인간존재를 수학으로 확장하는 법을 생각하다 『수학하는 신체』

수학하는 신체 : 신체와 사고가 함께하는 수학(개정판)
모리타 마사오 저 / 박동섭 역 | 에듀니티 | 2020. 05.

핵심구절

"이 책은 수학이란 무엇인가, 수학에 있어서 신체란 무엇인가를 제로에서부터 다시 생각해 보는 여행입니다. 여기서 의미하는 수학은 단지 신체와 대립하기만 하는 것은 아닙니다. 수학은 신체의 능력을 보완하고 연장하는 행위이며, 따라서 '신체가 없는 곳에 수학은 없다'라는 것을 말해 주는데, 수학하는 인간에 대해서 새로운 발견을 하고 자각하는 기쁨을 느낄 수 있는 책입니다."

이 책에서 더듬어본 수학의 흐름은 앨런 튜링과 오카 키요시 두 사람에게 다다랐다. 둘은 성격도 연구도 사상도 전혀 달랐다. 이 두 사람이 함께 '수학자'라 불린다는 것이 수학이라는 행위의 가능성의 폭을 단적으로 상징하고 있다고도 생각한다. 다만 두 사람 사이에 중요한 공통점은 둘 다 수학을 통해서 '마음'의 해명으로 나아갔다는 것이다.

의생명 분야 연결

✖ 포항공대 수학과 황형주 교수 칼럼 소개

생물수학에서 필자가 관심 있는 다른 문제는 세포나 동물에 나타나는 패턴형성에 관한 것입니다. 예를 들어 얼룩말과 표범에 나타나는 띠무늬나 점박이 무늬 혹은 종양세포조직을 관찰해 보면 나타나는 혈관세포와 같은 네트워크 모양, 이런 것들이 왜, 그리고 어떻게 형성되었는지에 대한 문제라고 볼 수 있습니다. 이런 현상 또한 편미분방정식과 그에 따른 분석, 그리고 수치 해석적인 방법들로 접근하여 설명되고 있습니다.

생물수학 연구에서 항상 주의해야 하는 것은 연구가 실험적인 현상이나 실제현상과 얼마나 연관되어 있는지를 염두에 두고 실제 실험가들이나 의사들과 함께 일해야 한다는 것입니다. 사실 실제 생물학적인 시스템은 굉장히 복잡 다양하기 때문에 수학적 혹은 물리적 접근이 용이한 것은 아니며, 실질적으로 수학적 방법을 도입하는 것이 가능하고 의미 있는 부분은 아직 아주 적습니다. 그렇기 때문에 생물수학이 안고 있고 넘어야 할 과제는 많습니다. 생물수학이라는 분야가 태어난 지 오래지 않으며, 최근 연구가 홍수 같이 범람하는 추세를 바라볼 때 분야 자체를 잘 정립하는 것과 생물수학의 방향성과 정체성을 찾는 것 또한 앞으로 풀어나가야 하는 숙제라 할 수 있겠습니다.

또 다른 연구주제는 유체나 플라스마에 나타나는 안정성Stability과 불안정성Instability 현상에 관한 것입니다. 자연계를 살펴보면 처음의 작은 변화가 시간이 흐름에 따라 계속 작은 변화로 유지되는, 즉 안정적인 시스템이 있는가 하면 그와 반대로 처음의 작은 변화가 나중에 엄청난 변화를 야기하는 시스템도 존재합니다.

1940년 11월 7일 미국 워싱턴 주에서 일어난 타코마 다리Tacoma Narrows Bridge(만들어졌을 때 세계에서 3번째로 큰 다리) 붕괴 사건은 바람에 유도된 파동 불안정성 현상의 한 예를 보여줍니다. 이러한 안정성과 불안정성 현상은 전자와 같은 미세한 스케일에서도 나타나고, 크게는 은하계나 태양풍Solar Wind 같은 플라스마에서도 나타나는 현상입니다. 또 비누막을 이용한 프린터 산업이나 효율적인 오일분리를 활용한 정유산업 등에도 응용되는 연구라고 볼 수 있습니다.

실제로 정유산업에 있어서 얼마나 효율적으로 기름을 그 밖의 유체들과 분리하여 얻어낼 수 있는가 하는 문제는 매우 현실적인 문제 중의 하나이며, 이에 동기를 둔 수학적 연구를 사프만 테일러 불안정성Saffman-Taylor Instability이라고 합니다. 필자는 이러한 다양한 응용문제를 수학적으로 접근하는 연구를 하고 있습니다.

내용 요약

1부 수학하는 신체

인공물로서의 '수'

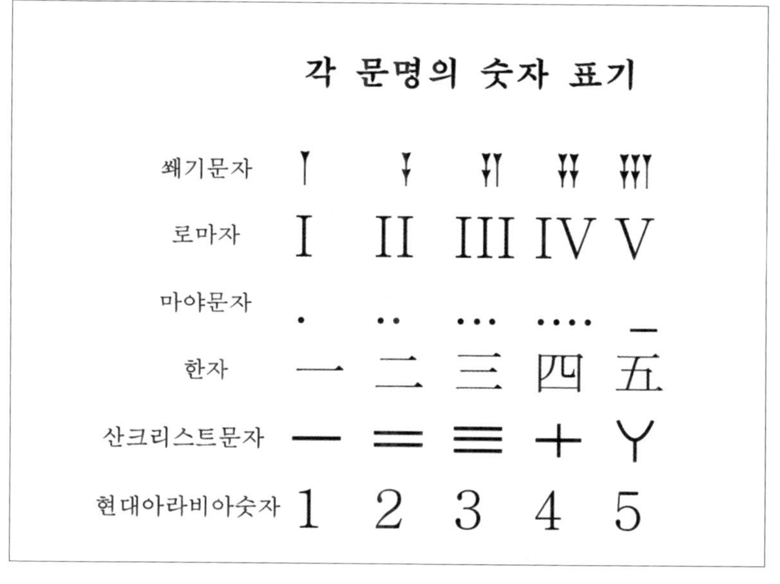

각 문명의 숫자 표기법. 모양은 달라도 핵심을 관통하는 공통점이 보인다.

신체가 경험하는 세계는 연속적이고 애매합니다. 피부가 느끼는 따뜻함과 차가움, 귀로 듣는 음의 고저와 강약, 온몸으로 느끼는 기쁨과 슬픔 등 어느 것이고 다 그렇습니다. 확실한 경계가 있는 것이 아니라 약한 쪽에서 강한 쪽으로, 작은 것에서 큰 것으로 서서히 그리고 거침없이 변합니다. '수'는 인간의 인지능력을 보완하고 연장하기 위해서 만들어진 도구입니다. 인간은 적은 수량의 물건이라면 개수를 곧바로 파악하는 능력을 가지고 있습니다. 하지만 3개를 초과하게 된다면 보는 걸로 파악하기 어려워져서 그것을 셀 수밖에 없게 됩니다. 로마숫자도 1에서 3은 개수의 증가이지만 4부터는 V라는 특정기호가 들어가고 한자의 경우에도 3까지는 개수가 증가하는 메커니즘이지만 4부터 완전히 다른 기호를 사용하게 됩니다.

도구의 생태계

식칼을 제대로 사용하기 위해서 도마와 숫돌이 필요하듯이 숫자의 경우도 마찬가지입니다. 이는 초등학교에서 배우는 곱셈과 같은 것입니다. 이전과 같으면 상당한 훈련을 받은 사람들만 가능한 일이었으나 현재는 일련의 절차가 정교하게 설계되어 있어 우리 모두가 어려움 없이 할 수 있게 되었습니다. 숫자라는 도구를 바탕으로 새로운 도구와 기술이 나오며 그것을 다듬는 과정을 거쳐 또 다른 도구와 기술이 만들어집니다. 다시 말해 수학적 도구와 기술이 서로 협력하는 풍부한 생태계가 만들어지는 것입니다.

잘 보기

수학을 잘 '보고 느끼기' 위해서는 논리력이 필요합니다. 논리에 기초한 증명을 중시하는 태도는 고대 그리스 수학의 큰 특징입니다.

자기 주변에 있는 것 포착하기

사람은 뭔가를 알고자 할 때 반드시 알고자 하는 의지에 앞서 이미 무언가를 알고 있습니다. 그래서 뭔가를 알고자 할 때 우선 자신이 '이미 무엇을 알고 있는 것일까'를 자문하는 것, 몰랐던 것을 알고자 하는 것이 아니라 처음부터 알고 있었던 것에 대해 파악하는 것이 하이데거가 말하는 수학적인 자세입니다.

뇌만 갖고 이야기할 수 없다

다양한 인지적 과제를 수행할 때 뇌 자체가 맡고 있는 역할이 의외로 한정적일 가능성이 있다는 것입니다. 뇌가 결정적으로 중요한 것은 당연하다고 하더라도 작업의 대부분을 신체와 환경이 맡고 있는 경우도 적지 않습니다.

행위로서 수학

행위는 종종 내면화되어 사고가 되고, 반대로 사고가 외재화되어 행위가 되는 경우도 있습니다. 사고와 행위 사이에 확실한 경계를 짓기가 어렵습니다. 이 사실을 강조하기 위해 '수학적 사고' 대신에 종종 '수학적인 행위'라는 표현을 씁니다.

천명을 거스른다

'아라카와'는 죽음에 항거하는 것(영원히 죽지 않는)을 진지하게 생각한 건축자입니다. '아라카와'와 수학을 비교하자면 수학이 만들어내는 건축도 아라카와에게 지지 않을 만큼 기발합니다. 수학은 단지 신체적 행위일 뿐만 아니라 나날의 습관에서 동떨어진 행위입니다. 상식을 일탈한 행위 속에서 상식을 넘어선 '풍경'이 아라카와의 건축과 수학이라는 행위의 묘미입니다.

2부 계산하는 기계

수학은 신체적 행위이자 역사를 짊어진 영위입니다. 수학에도 수학의 '과거'가 있습니다. 그러나 우리가 그것을 의식하는 경우는 별로 없습니다. 우리가 학교에서 배우는 수학은 대체로 고대의 수학도 아니고 현대의 수학도 아닌 근대 서구의 수학입니다. 수학은 처음부터 지금 우리가 알고 있는 형태였던 것이 아니라 시대와 장소마다 그 모습을 바꾸면서 서서히 지금과 같은 형태로 변화해 왔습니다.

증명을 뒷받침하는 '인식의 도구'

어느 시대든 예외 없이 수학자들은 주위에 있는 자원을 총동원해서 수학을 했습니다. 고대 그리스 수학자들의 경우에는 '그림'과 '자연 언어'를 활용한 '정형 표현'이 도구였습니다. 이러한 도구를 구사하면서 '증명'이라는 새로운 수학적 행위의 형식을 만들어 낸 것입니다.

알자부르

알 콰리즈미는 초기 아라비아 수학을 대표하는 수학자입니다. 『자부르와 무카바라의 서』라는 책은 '알자부르'라 불리는 세계적으로 독보적인 아라비아 수학의 탄생을 알린, 역사상 의미가 큰 작품입니다. 알자부르 수학과 그리스에서 전해진 이론 기하학이 유기적으로 결합함으로써 근대 서구의 수학이 탄생했지만, 각기 다른 문화의 명실상부한 융합이 실현되기까지는 긴 시간을 기다려야 했습니다.

기호화하는 대수

프랑스 수학자 '비에트'는 기호대수의 언어를 '대수해석(기지수와 미지수 모두 기호로 나타내는 것)'이라 부르고, 기호의 힘을 총동원함으로써 수학은 새로운 시대에 돌입했습니다. 기호대수의 언어를 사용해서 고대 그리스 수학의 '부흥'이 본격적으로 이루어집니다.

보편성의 희구

프랑스 수학자 비에트의 정신을 계승한 '근대 철학의 아버지'라 불리는 데카르트는 기호대수의 힘을 빌려서 고대 그리스 이후의 기하학적인 문제를 기호를 통일함으로써 해결하기 위한 방법을 개발했습니다. 수학자들은 그림과 정형문을 이용한 논증 대신에 기호를 이용한 대수적 계산이라는 강력한 수단을 손에 넣었고, 수학에 대한 보다 보편적인 시좌를 획득했습니다. 이것은 고대 그리스에서 논증 수학을 발명한 것과 어깨를 나란히 하는 수학사의 커다란 사건이었습니다.

'수학'을 수학하다

수학의 형식화, 공리화는 수학으로부터 신체를 떼어내고, 물리적 직관과 수학자의 감각이라는 애매하고 믿음직스럽지 못한 것에서 수학을 자립시키려는 커다란 움직임의 귀결이었습니다. 신체를 완전히 잃어버린 '계산하는 기계'로서 컴퓨터가 탄생한 것은 이런 시대의 파고가 정점에 달한 20세기 중반의 일이었습니다.

계산하는 수

인간의 행위를 모델로 어떤 가상의 기계인 '튜링 기계'를 생각해냈습니다. 튜링은 스스로 고안한 기계의 정의를 자세히 조사해서 하나하나의 튜링 기계가 본질적으로는 하나의 수로 치환될 수 있음을 제시합니다. 이로써 '수'는 튜링 기계에 의해서 '계산될' 뿐만 아니라 튜링 기계로써 '계산하는' 것이기도 하다는 양의성을 획득했습니다. PC와 스마트폰은 만능 튜링 기계가 물리적으로 실현된 것으로 사칙연산뿐만 아니라 메일 송신, 뉴스 열람 등 무엇이든 할 수 있습니다.

암호해독

나치스 독일의 악명 높은 '에니그마 암호'를 해독하는 것은 원래 상업용으로 개발한 암호기로, 전기적인 장치를 통해 암호화 프로세스를 자동화함으로써 복잡한 암호를 간단하게 생성하는 것이 가능했습니다. 튜링이 중심이 되어 설계한 '튜링 봄'이라는 기계로 인해 방대한 열쇠 중에 가장 정확한 열쇠를 고속으로 낭비 없이 검색하는 것이 가능해졌습니다.

이때 튜링은 '기계의 지능'을 논의한 텍스트를 썼으며 이는 첫 '인공지능'에 대한 첫 논문이라는 점에 거의 틀림이 없습니다. 경험으로부터 배우는 기계라는 착상을 일찌감치 보여주었습니다. '기계'에서 '마음'으로 다가가는 장대한 기획에 확실한 가능성을 감지하기 시작했습니다.

3부 풍경의 시원

오카 키요시는 1901년에 태어난 흔치 않은 수학자입니다. 유학을 가고 강사를 하며 순탄한 수학자로서의 길에 들어서다 1930년대 후반을 기점으로 갑자기 세상과 인연을 끊고 기미 마을에만 틀어박혀 수학 연구에 생을 바쳤습니다. 오카 키요시의 고향 기미의 전원 풍경과 그 안쪽으로 이어지는 산들을 보며 오카 키요시는 수학적 능력을 키우고 정서를 기를 수 있었습니다.

생물이 체험하는 것은 그 생물과 독립된 객관적인 '환경'이 아니라 자신의 행위와 지각으로 만들어 낸 '환경세계'입니다. 이렇게 생물을 하나의 주체로 피력한 사람은 독일의 생물학자 윅스퀼입니다.

Fmri 기술의 진보 덕분에 수학적 사고에 동반하는 뇌 활동에 대한 인지신경과학적인 연구가 최근 눈부신 진전을 보이고 있으며, 뇌와 수학적 사고의 관계가 조금씩 밝혀지고 있습니다. 뇌의 힙스Hips라는 부분은 복수의 점을 보여주었을 때도, 아라비아 숫자 3을 보여주었을 때도, '삼'이라는 말을 들었을 때도 활동합니다. 즉 쓰여 있는 수든 목소리를 통해 나온 수든 제시되는 감각의 종류에 관계없이 반응한다는 것입니다. 반응은 '59와 65'를 보고 있을 때가 '19와 65'를 보고 있을 때보다 활발하게 활동합니다.

즉, 두 숫자 사이의 간격이 좁으면 좁을수록 활동이 활발해지는 것입니다. 힙스의 신경회로는 크기나 위치 등에 반응하는 주위의 뉴런과 상호작용을 합니다. 결과적으로 '수량'의 감각과 '물리적인 크기'의 감각과 '위치'의 감각이 뒤섞입니다. 예를 들어 숫자 두 개의 대소를 비교할 때 2와 5보다 5와 2라고 쓰는 것이 늦어지거나 틀리기가 쉽습니다.

이처럼 뇌는 수량에 관한 지각을 크기와 위치와 시간 등, 수와는 직접 관계가 없는 다른 '구체적인' 감각과 연결지어 버립니다. 그것은 숫자를 지각하기 위해서만 진화해 온 것이 아닌, 뇌를 사용해서 숫자를 파악하려고 하는 데서 나온 부작용 같은 것입니다. 이 부족함은 수학적 풍경의 기반입니다.

4부 영의 장소

오카의 말에 따르면 수학자의 일은 농민과 닮아 있습니다. 그 본분은 '없는 것'에서 '있는 것'을 만드는 것, 다름 아닌 '영에서부터 창조하는 것'에 있습니다.

오카 키요시는 '정서'라는 말을 즐겨 쓰는데, 일본어로 '정서'는 '정'의 '서(실마리)'라고 씁니다. '정'이라 쓰고 '마음'이라고 읽는 경우도 있는데, 이 '정'이라는 일본어에는 독특한 뉘앙스가 있습니다.

오카 키요시는 확실히 위대한 수학자였지만 그가 만들어내려고 한 것은 수학 이상의 무엇이었습니다. 자타 사이를 오가는 '정'의 세계는 넓지만 정서가 깃드는 개개의 육체는 좁습니다. 사람은 그 좁은 육체를 짊어지고 커다란 우주의 작은 장소를 떠맡고 있습니다. 우정과 연애, 약속, 맹세 등 이러한 모든 것이 하나하나의 정서에 색채를 부여합니다.

여기에 남다른 집중이 따르면 형태가 되어 나타나는데 오카 키요시의 경우 수학이 피어났습니다.

5부 생성하는 풍경

인간이 만들어내는 수학의 도구는 시대와 장소와 함께 그 모습을 바꿉니다. 도구가 바뀌면 그것을 사용하는 수학자의 행위 그리고 그 행위가 만들어내는 '풍경'도 바뀝니다. 수학과 수학하는 자가 서로가 서로를 구축하고 구축을 받으면서 이 수학의 긴 역사가 이어져 왔습니다.

수학과 수학하는 신체라는 것은 앞으로도 서로가 서로를 엮어내면서 우리가 모르는 새로운 풍경을 계속해서 만들어낼 것입니다.

김현진 선생님의 도서 활용방안

수학은 어렵기만 한 것일까? 고등학생에서 중학생, 중학생에서 초등학생으로 '수포자'라는 말이 유행할 때마다 우리의 수학 교육이 놓치고 있는 것은 무엇일까를 생각하게 합니다.

덴마크 교육에서 수학을 교육할 때, 로마자를 가르치는 데 3주의 시간이 걸린다고 합니다. Ⅰ, Ⅱ, Ⅲ····로 이어지는 숫자를 배우는 데 왜 그렇게 많은 시간을 할애할까? 싶었는데, 숫자의 원리, 삶에서의 활용방안, 수학을 이용한 놀이 등을 다양하게 배우기 때문이라고 합니다.

이 책은 수와 마음이 밀접하게 관계를 맺고 있으며 이는 인간의 삶에 깊숙이 자리하고 있음을 이야기합니다. 시대적 배경과 삶의 환경에 따라 수를 인식하는 방식, 수학적 행위가 변화하고 있다는 것입니다.

앞으로의 세계에서 수는 어떻게 인식될까요? 이제 수는 단순히 기계적인 계산을 넘어서 '심리'에 다가서고 있습니다. 수학을 단순히 입시의 한 도구가 아닌 인간의 삶과 연계한 분야, 그리고 수학이 인간 삶에 미치는 영향을 고려하며 들여다봐야 할 때입니다. 이 책은 수학과 우리 삶의 연관성을 보여주어 수학에 흥미를 갖도록 하는 책입니다.

목진덕 선생님의 도서 활용방안

인문학으로서의 수학의 발전을 볼 수 있는 책입니다. 사실 일상생활에서 쓰지 않는 듯한 인상을 주는 수학이 우리 생활에 얼마나 많은 부분을 차지하고 있는지 보여줍니다. 수학을 포기한 사람도 수학과 동떨어진 삶을 살지 않으며 또 수학에 관심을 가지게 만드는 힘이 있습니다. 간단히 우리는 도구가 없을 때 자기의 신체를 가지고 재려 합니다. 다른 사람의 신체의 크기를 비교하고 싶어 합니다.

그럴 때 우리에게는 수학이 필요합니다. 많은 생각을 정리해 주고 명료화시켜 주며 가치 판단을 할 수 있는 기준을 수량화하여 보여줍니다. 판단과 이유의 근거를 묻는 사회 속에서 선택과 집중을 하려는 근거를 만들어내는 것임을 알려줍니다. 무수히 흩어져 있는 삶의 원리를 형상화하여 객관화하고 우리에게 논리라는 이름으로 보여주는 학문이 수학임을 보여줍니다. 수학을 벗어나 의식하지 않고 살 수도 있지만, 그 지루하고 어려운 과정에서 깨달음과 명쾌함을 느끼는 섭리를 알게 하는 기쁨을 주는 이유를 속삭여 줍니다.

하승민 선생님의 도서 활용방안

'수학'이라는 말을 들었을 때, 어떤 생각이 가장 먼저 떠오르나요? 어떤 사람은 덧셈 뺄셈을, 어떤 사람은 시험을 떠올릴지도 모르겠습니다. 이 책은 수학이 단순한 숫자와 계산으로 점철된 학문이 아닌, 인간을 이해할 수 있는 하나의 방법으로 소개하고 있습니다.

어릴 적 숫자를 처음 배울 때, 아이들은 손가락을 꼽으며 수를 배웁니다. 나의 신체를 이해하기 위해 처음으로 숫자를 사용하는 최초의 순간인 것입니다. 이처럼 사실 우리 주변은, 그리고 우리 자신은 모르는 사이에 일상 속에서 수학적 현상과 수학적 행위를 경험하고 있습니다. 이 책은 그러한 수학의 모습 중 '사람의 감각과 인지능력을 보완하는 역할'에 조명을 비춥니다. 그리고 이를 통해 여태껏 '수학을 위한 인간'으로 살아온 우리에게 '인간을 위한 수학'을 일깨워주고 있습니다.

많은 사람들이 입시 위주의 수학 학습으로 인해 '수학'이라는 학문 자체에 흥미를 잃어버리고, 실생활과는 관련이 없는 무언가라고 생각하는 것이 사실입니다. 하지만 알고 보면 수학은 사람과 오랜 시간 함께하고, 친숙한 '친구'입니다. 이 책을 읽고 난 후 수학이라는 학문이 여러분에게 보다 따뜻하고 즐거운 대상이 되기를 바랍니다.

독후감

『수학하는 신체』 -신체와 사고가 함께하는 수학- 이 책의 제목과 부제목입니다. 책 표지에는 머리가 아닌 온몸으로 경험하는 수학의 세계! 라는 글귀가 적혀 있습니다. "과연 우리의 신체와 수학은 무슨 관련이 있을까?"라는 물음과 함께 독서를 시작했습니다.

이 책은 동시대를 살았던 세계적인 수학자인 엘런 튜링과 오카키요시의 수학을 다뤘습니다. 성격과 연구의 사상이 전혀 다르지만 둘 다

수학을 통해서 '마음'의 해명으로 나아갔다는 점이 이 책의 키포인트가 됩니다. 조금의 차이가 있다면 튜링은 수학을 도구삼아서 마음을 알려고 했고 오카는 마음의 세계 깊숙이 들어가는 행위 그 자체가 수학이라는 것입니다.

책에서 흥미롭게 읽었던 두 가지 부분이 있습니다. 하나는 에니그마 암호를 해독하는 프로그램을 개발한 엘런 튜링의 이야기, 일본드라마에 나오는 주인공의 독백이었습니다.

책에서 언급된 수학자 엘런 튜링은 악명 높은 '에니그마 암호'를 해독하는 프로그램을 개발한 수학자입니다. 에니그마 암호를 해독할 수 있게 되어 전쟁을 유리하게 이끌 수 있었으며 수학을 도구로 삼아 '마음'에 다가가 암호를 해독할 수 있었던 대단한 사례입니다.

207페이지에는 일본 드라마에 나오는 주인공의 독백이 쓰여 있습니다. 2009년 대학병원의 뇌외과의로 근무하고 있던 주인공이 우연히 사건에 휘말려 1862년 에도시대로 여행을 하게 되며 하는 독백입니다. 그는 현대와 같지 않은 수술환경에 많은 깨달음을 가지게 됩니다. 사람을 치료하는 의료라는 행위를 창시한 사람, 외과라는 의학 분야를 만든 사람 등등, 선사받은 선물에 의해서 '수술할 수 있는' 인간으로 자기 조형이 가능했다는 사실이 주된 깨달음입니다. 의료 관련 드라마, 영화 그리고 공부를 반복하면서도 생각하지 못했던 부분이었습니다. 같은 맥락으로 지금까지 발견하지 못했던 바이러스에 대한 치료법과 더 나은 치료환경이 만들어질 것이라는 기대가 생겼습니다.

사람의 '마음'을 수학이라 학문을 통해 탐구하여 아군의 피해를 최소화한 사례와 지금까지의 현대의료의 무한한 발전에 대한 가능성을 느낄 수 있었습니다. 나 또한 수학이라는 학문을 점수받는 하나의 과목이 아닌 학문으로서 소홀하지 않고 넓은 폭으로 학습해야겠다는 생각이 들었습니다.

김현진 선생님의 독후활동 평가

수학자 엘런 튜링과 오카키요시를 통해 수학이 수를 기계적으로 계산하는 것이 아니라 수학을 통해 마음을 이해하고, 더 나아가 마음의 세계로 들어가는 길에 대해 정리하고 있습니다. 엘런 튜링이 2차 세계대전 당시 독일군의 암호에서 수와 메시지 사이의 관계를 풀어내 인간의 삶에 도움을 준 사례와 시간여행을 그린 일본 드라마 〈닥터 진〉을 통해 시대와 환경에 따라 수가 어떻게 받아들여지고, 인간의 삶이 달라지는지에 대한 사례를 인상 깊게 전달하고 있습니다. 수학이라는 학문이 기계적인 계산을 넘어 인간의 삶에 긍정적인 영향을 끼치게 되기를 희망하는 마음을 표현하고 있습니다.

목진덕 선생님의 독후활동 평가

독자로서 두 사람의 태도를 간명하게 표현하면서도 차이와 공통점 그리고 자기의 생각을 표현한 좋은 글입니다. 결국, 두 사람의 인생의 줄거리를 통해 그들이 추구한 삶의 궤적을 달리 보면서도 그 안에서 한 가지 키워드를 통해 공통점을 끌어낸 통찰이 보입니다. 결국, 생활의 편리함과 명쾌함을 찾고자 하는 학문의 목적을 상기시켜 주는 것이겠지요.

우리가 넘어야 할 대상으로 수학을 보는 것이 아니라 도전하는 그것이 아니라 계량화하고 자연의 법칙 속에서 숨어있는 수학의 추상적 현상을 구체적 모습으로 보는 한 편의 드라마가 기대되는 독후감입니다. 수학과 멀리할 수는 있어도 수학 안에 사는 기쁨을 질투하며 수학을 사랑하는 이유를 만들어가는 이야기를 써 내려갈 것으로 생각합니다.

수학이 학문으로서가 아닌 생활을 편리하게 해주는 모든 제도와 도구에 녹아 있음을 깨달아가는 과정이 담긴 독후감입니다.

하승민 선생님의 독후활동 평가

이 책은 제가 생각하기에 수학을 통해 인간의 마음을 이해하고자 하는 것이 핵심이고, 독후감을 쓴 사람은 이를 잘 짚어내어 서론에서 이야기해 주고 있습니다. 본론에서는 두 수학자의 수학을 중점으로 이 책이 쓰였다는 책의 구조적인 부분을 설명함으로써 이 책을 읽지 않은 사람도 책의 흐름을 짐작하기 쉽게 해주었습니다. 또한 결론에서 이 책을 읽고 난 후의 본인의 생각을 잘 드러내고 있는 부분이 좋았습니다.

하지만 아쉬운 점은, 독후감 내용의 절반 이상이 책에 소개된 사례를 옮겨 적은 것입니다. 물론 독후감을 쓸 때에 감명 깊었던 부분을 쓰는 것은 좋으나, 전체 분량을 생각하였을 때 독후감을 쓴 사람의 책에 대한 이해가 충분히 드러나기에는 아쉬운 점이 있습니다. 또한 제가 생각하기에 이 책을 충분히 이해하였다면, 책에 소개된 사례에 대한 깊은 인상과 긴 소개보다는 수학을 통해 사람의 마음을 이해할 수 있다는 부분에 보다 조명을 비추지 않았을까 합니다.

그러나 이 책을 통해 수학에 대해 보다 넓은 인식을 가졌다는 말에서, 이 책이 만들어진 궁극적인 목표에 도달한 것이 아닌가 합니다. 그런 점에 있어서는 많은 발전가능성이 있는 독후감이라 생각합니다.

사회현상을 수학적 원리로 환원하여 생각하다 『수학이 필요한 순간』

수학이 필요한 순간 : 인간은 얼마나 깊게 생각할 수 있는가
김민형 저 | 인플루엔셜 | 2018. 08.

책 핵심구절

"이 책은 페르마 방정식의 '해의 유한성 증명문제'처럼 수학의 역사에서 가장 중요한 난제들을 해결하며 오늘날 세계적 학자의 반열에 오른, 영국 옥스퍼드대학교 수학과의 김민형 교수가 1년여 동안 진행한 강의를 토대로 탄생했습니다. 누구나 살면서 수많은 문제들을 만나는데, 어떤 답을 원하는지조차 모르는 경우에 직면하기도 합니다. 그럴 때 질문을 탐구하는 과정 자체가 새로운 길을 보여줄 때가 있는데, 수학적사고가 필요한 순간은 바로 그런 순간입니다. 수학이야말로 인류의 역사를 거쳐 질문을 거듭하며 우리의 사고능력을 고양시켜온 학문이었기 때문입니다."

"수학은 정답을 찾는 일이 아닌 인간이 답을 찾아가는 과정이다."

의생명 분야 연결

✖ 국가수리과학연구소 연구소장 정순영 인사말 소개

국가수리과학연구소에서 혁신적인 수학 아이디어들이 나오고 세상을 놀라게 하는 스타트업들이 출현할 수 있도록 기업들과 현재의 R&D 협력을 보다 적극적으로 추진할 뿐 아니라, 수학 기반 스타트업들에 특화된 프로그램 및 문제해결 체계를 갖추어 나아가고 있습니다.

또한 의료와 수학이 접목된 신규 연구 분야인 의료수학을 통해 최근 급증하고 있는 의료현장의 애로사항에 대한 수학적 해결 요구에 대응하고 국민의 건강과 삶의 질 향상에 수학이 기여할 수 있도록 노력하고 있습니다.

산업을 포함하는 세상의 모든 문제는 적절한 모델링을 통하면 결국 수학 문제로 귀결됩니다. 이렇게 발굴된 문제를 해결하기 위해서는 수학의 모든 분야 지식과 방법론을 활용해야 합니다. 우리 연구소는 수학적 분야의 균형적 성장과 협력을 자산으로 수학적 문제해결 능력을 극대화하여, 결국 수학이 산업수학을 통해 국가와 사회에 직접적으로 기여할 수 있도록 최선을 다하겠습니다.

내용 요약

1부 수학은 무엇인가

모든 학문이 질서와 체계를 규명하려고 합니다. 질문이 있고 답이 있는 건 웬만한 학문이 다 그렇습니다. 그렇기에 수학은 질서나 체계와 관련이 더 높아 보이긴 합니다. '수학을 논리적인 풀이 과정'이라고 이야기했는데, 어쩌면 그게 수학에 대한 편견일 수 있습니다. 수학이 논리학이라는 관점은 두 가지 측면에서 완전히 틀렸습니다.

첫째, '수학은 논리학만은 아니다'라는 사실입니다. 논리라는 건 어떤 실체로부터 나오는 것이고 논리만으로 실체를 만들 수 없습니다. 수학을 만들어간다는 생각은 그릇된 관점입니다. 논리적이지 않은 수학도 있기 때문입니다. 둘째, 수학만이 논리를 사용하는 학문은 아니라는 것입니다. 수학적인 증명을 하려면 어떤 특별한 기술을 배워야 한다고 여깁니다. 하지만 증명은 그냥 명료하게 설명하는 것입니다.

과학자와 수학자의 차이가 무엇인가요? 현대적인 의미의 과학 중에 수학이 가장 오래되었다고 보는 것이 좋을 것 같습니다. 갈릴레오는 말했습니다.

"우리가 우주를 이해하기 위해서는 우주에 관해 쓰여 있는 언어를 배우고 친숙해져야 하는데, 그 언어는 수학적인 언어다. 가령 언어의 글자들은 삼각형, 원, 기하학적인 모양들일 수도 있다. 이런 언어 없이 우리는 우주를 한 단어도 이해할 수 없다. 이런 것들을 모르고는, 그리고 이런 언어가 없다면 어두운 미로를 방황하는 것과 같다."

수학은 특정한 종류의 논리나 사고가 아니라, 우리의 일상과 우주를 이해하는 상식과 다름 없습니다.

2부 역사를 바꾼 세 가지 수학적 발견

수많은 이론들 중에서 수학사에서 획기적인 전환을 이룬 이론들 중에 비교적 현대에 이루어진 수학적 발견에 한해서만 살펴보겠습니다. 수학에서의 굉장히 중요한 발전이 이루어진 시기는 17세기 과학혁명의 시대였습니다. 이때 우리의 인식의 여러 가지 전환들이 이루어졌는데 그 가운데 '과학의 수학화'를 대표하는 '페르마의 원리'가 있습니다. '페르마의 원리'는 빛의 굴절에 관한 원리입니다. 페르마의 원리 중 한 가지로 물속에 담겨있는 동전을 비춘 빛이 굴절되기 때문에 동전의 위치를 잘못 파악하게 되는 것이 '페르마의 첫 번째 원리'입니다..

두 번째로 아이작 뉴턴의 '자연철학의 수학적 원리'를 줄여서 '프린키피아'라고 부릅니다. 우리 모두가 알고 있는 '힘을 주면 가속도가 생긴다'라는 이론이 있습니다. 데카르트의 좌표계는 우리가 초등교육부터 사용한 x축, y축 좌표를 뜻하는 것으로 차원이 생김으로써 많은 이론들을 설명할 수 있었습니다. 아인슈타인의 '모든 운동은 상대적이다'라는 이론 또한 위대한 발견으로 생각합니다.

페르마와 뉴턴, 데카르트의 좌표계, 아인슈타인의 상대성 이론 등 위대한 발견들을 살펴보다 보면 수학적 사고가 왜 필요한지 느낄 수 있습니다. 지금 우리가 무엇을 모르는지 정확하게 질문을 던지고 앞으로 어

다수는 항상 절대 선인가? 소수는 항상 희생되어야 하는가?

떤 질문을 원하는지를 찾아가는 길입니다.

3부 확률론의 선과 악

당장 우리 손에 들려있는 스마트폰만 봐도 비가 올 가능성부터 교통 상황에 따른 내비게이션까지 별의별 확률이 다 나와 있습니다. 각종 스포츠에서도 확률을 통해 승부를 예측하고, 대통령 선거도 투표를 하자마자 당선 확률을 이야기합니다. 확률은 우리 일상생활에서 굉장히 많은 부분을 차지하고 있습니다.

'하이드파크에서 10명이 살해되었다.' 이 일은 큰일일까요, 아닐까요? 한 사람이라도 죽으면 안 되겠지만, 수만 명을 죽음으로 몰 수 있었던 테러를 막는 과정에서 10명이 희생되었다면? 이런 윤리적인 판단 속에도 수학의 확률이 작동하고 있습니다. 이러한 윤리적인 문제 역시 과학적인 근거에 따라 판단을 내리는 것이 공리주의적 관점입니다. 10명의 희생을 0명으로 줄이는데 들어가는 자원을 사회의 다른 곳에서 옮겨 옴으로써 더 큰 문제가 일어날 가능성도 있습니다.

따라서 사회적 에너지의 적절한 분배는 답을 찾기 어려우면서도 늘 염두에 두고 있어야 할 문제이기도 합니다. 하지만 공리주의는 많은 비판을 받았습니다. 그 이유는 결과주의이기 때문입니다. 결과주의는 확률론적인 성격이 강합니다. 왜냐하면 결과주의는 행동이 가져올 결과를 행동의 기준으로 삼아야 한다는 내용을 전제로 하는데, 결과는 미래에 벌어질 일이므로 확실하게 알 수 없습니다.

결국 기댓값으로 결정한다는 의미가 됩니다. 이러한 상황을 '결과가 좋은 정도의 기댓값을 계산하는 것이 불가능하다'라고 표현하고 싶습니다. MIT 기계공학과에서 만든 게임은 자율주행차량의 문제점을 다루고 있습니다. 차량의 인원이 죽거나 혹은 앞에 있는 사람이 죽는 상황에 있어서 결정하는 단계가 거듭될수록 선택이 까다로워집니다. 이것은 전문 용어로 '트롤리 문제'라고 불립니다.

마지막 수수께끼로 '지능이 굉장히 높은 여자들은 대부분 자기보다 지능이 낮은 남자와 결혼한다'라는 통계적 결과에 대해 물어본다면, '확률적으로 대부분의 남자들이 지능이 굉장히 높은 여자보다 지능이 비교적 낮다'라는 대답 대신 사회적인 편견에 입각해서 답을 찾게 됩니다. 우리는 이런 문제에 대해 답을 할 때 도덕적으로 그릇된 답

점점 개선해 나가며 해답에 접근하는 것이 인간이다. 정답을 찾는 과정에도 가치가 있다.

을 피할 수 있는 사고가 필요합니다. 확률론적 사고처럼 말입니다. 확률론은 선하지도 악하지도 않습니다. 하지만 선하고 악한 것도 확률론의 영향을 받습니다.

4부 답이 없어도 좋다

대표자를 뽑는 가장 좋은 방법은 뭘까요? 수많은 선출 방법을 살펴보면, 방법마다 완전히 다른 결과가 나올 수 있음을 알 수 있습니다. 그러면 이 방법들은 다 틀린 걸까요? 수학적인 사고가 사회에 어떻게 적용되느냐는 질문에 답할 때, 수라는 개념 안에서만 생각한다면 굉장히 제한적인 관점이 될 수밖에 없습니다. 제 생각에 건전한 과학적 시각이란 '근사'해 가는 과정이란 걸 처음부터 받아들이는 것입니다. 완벽하지 못하다고 해서 포기하기보다는 제한적인 조건에서 이해하는 것이 수학적으로 중요합니다. 근사해 가는 과정, 항상 바꿀 수 있는 것, 그리고 섬세하게 만들어가는 과정 자체를 학문이라고 생각해 볼 수도 있습니다.

5부 답이 있을 때, 찾을 수 있는가

19세기 청혼 문화를 알고 있지요? 남녀가 청혼, 약혼, 파혼, 결혼이라는 단계를 거치면서 짝을 찾는 겁니다. 만약 남녀 각각 100명이 짝을 지을 때 안정적인 답이 있을까요? 좋아하는 마음은 복잡해도 답은 항상 있습니다. 답이 있다는 걸 수학은 도대체 어떻게 증명할까요.

다양한 수학적 모델링을 해보면 더 복잡한 상황에 대한 통찰을 줄 수 있습니다. 과학은 복잡한 요소들을 단순화해서 더 정밀하게 생각할 수 있는 방법을 마련해 준다는 것입니다. 이 알고리즘에서도 또 다른 조건을 부여해서 룰을 더 공정한 방향으로 수정해 나갈 수 있을 겁니다. 문제를 단순화한 다음, 더 복잡한 모델이나 강력한 요구 조건을 만들며 개선점을 찾아나가는 것. 이것이 바로 과학이 하는 일입니다.

6부 우주의 실체, 모양과 위상과 계산

우주가 휘어져 있다고 합시다. 이를 말로 표현할 수는 있어도 정확하게 알기는 어렵습니다. 내면 기하라는 개념 없이는 우주가 휘어졌다는 주장을 하기 불가능합니다. 상상할 수 없는 것을 상상하는 것은 어떻게 가능하게 될까요. 우주의 구조를 설명해 주는 대수가 수 체계 만큼 간단하지는 않겠죠. 시공간의 기반이 될 만큼 핵심적인 구조인가, 이것을 파악하는 작업이 오늘날의 가장 중대한 과학적 과제 중 하나입니다.

수학은 정답을 찾는 일이 아니라, 인간이 답을 찾아가는 과정입니다. 우리는 답을 맞히려고 하지 틀리려고 하지 않습니다. 그런데 틀리기 싫어하면 어떤 질문이 가진 오류도, 어떤 방법이 가진 한계도 발전하기 어렵습니다. 일상의 문제에서도 정답부터 빨리 찾으려고 하기보다 좋은 질문을 먼저 던지려고 할 때, 저는 그것이 수학적인 사고라고 생각합니다. 어쩌면 대범하게도 수학적 사고를 통해서만 우리는 좋은 질문을 던질 수 있고, 우리가 찾은 답이 의미 있는지 확인할 수 있다고 말할 수 있습니다.

김이헌 선생님의 도서 활용방안

우리에게 수학은 언제 필요할까요? 물건을 살 때, 친구와 약속 시간을 정할 때, 인원수를 셀 때 등 이미 수학은 우리의 삶에 깊숙이 들어와 있습니다.

학창 시절 수학은 단순히 문제를 풀고 정답을 맞히는 과목이라고 생각했습니다. 하지만 글쓴이는 '수학은 정답을 찾는 일이 아닌 인간이 답을 찾아가는 과정'이라고 합니다.

이 책에서는 한국인 최초 옥스퍼드 대학 정교수이자 세계적인 수학자 김민형 교수의 명강의 7개를 토대로 수학에 대해 묻고 답하는 세밀한 대화로 이루어지며 역사적인 수학적 발견을 여럿 소개합니다. 또한 수학이란 무엇인가, 수학은 왜 필요한지 등에 대한 관점을 제시하면서 문제 풀이로서의 수학이 아니라 우리 생활 속에 살아있는 수학의 모습을 보여주며 우리 안의 수학적 사고를 발견하는 과정을 보여주고 있습니다.

수학을 좋아하지 않는 학생들과 더불어 많은 학생들이 이 책을 읽으며 수학에 대한 매력을 느끼고 순수한 가치를 느꼈으면 좋겠습니다.

노명호 선생님의 도서 활용방안

제가 고등학교를 졸업할 때까지 세상에서 제일 싫어했던 과목이 수학입니다. 창피하지만 솔직히 말해 초등학교 교사로 근무하고 있는 지금까지도 수학을 좋아하지 않습니다. 이러한 저에게 김민형 작가의 『수학이 필요한 순간』 이란 제목의 책은 수학에 대한 고정관념을 흔들기에 충분했습니다. 저자는 수학은 정답을 찾는 일이 아닌 인간이 답을 찾아가는 과정이라 말합니다. 또 수학 성적을 잘 받아 좋은 대학에 진학하기 위한 수단으로서 그 목적과 기능이 끝나지 않고, 살면서 만나게 되는 문제를 해결하는 데 여전히 수학이 필요하다고 주장합니다.

사실 해결방법으로서 수학적 사고가 도움이 된다는 저자의 의견에는 충분히 동의합니다. 그러나 저자처럼 어떤 답을 원하는지조차 모르는 상황이야말로 수학적 사고가 필요한 순간이라는 생각은 못해 본 것 같습니다. 좋은 질문은 수학적 사고로 가능하고 이를 통해 개인의 일상과 역사의 발전이 이루어져 왔다는 사례를 각 장에서 설명하고 있습니다. 수학에 대해 상처와 편견을 갖고 있는 학생들에게 수포자 선배로서 그리고 교사로서 일독을 권합니다.

박현성 선생님의 도서 활용방안

수능 수학영역 성적을 올리고 싶은 학생에게 이 책을 추천하지 않습니다. 수능 수학영역 성적을 올리려면 『수학의 정석』을 보는 것이 현명할 것입니다. 하지만 역설적으로 국어영역, 사회 탐구 능력 성적 향상에 관심이 있는 학생에게 이 책은 큰 도움이 될 것입니다. 이 책은 세상을 바라보고 이해하는 안목을 넓혀주는 수학적 사고의 핵심을 담은 책입니다. 수학적으로 사고한다는 것이 단순한 연산을 의미하지 않으며, 내 주변과 이 세상에 대한 이해, 나아가 윤리적 판단이나 사회문화적 주제에 대한 이해의 폭을 넓힌다는 것을 독서를 통해 경험하게 될 것입니다.

정해진 답을 찾는 수학에서 질문을 통해 답을 찾는 과정을 존중하는 수학, 나아가 답이 없어도 당황하지 않고 더 깊이 사고하여 답을 이성적으로 만들어가는 과정을 배우는 수학을 만나게 될 것입니다. 이런 배움을 통해 이 책을 읽는 여러분은 수학이 필요한 이유를 언어를 넘어 사고를 통해 깨닫게 될 것이며, 이는 여러분의 삶에 수학적 사고를 연결시켜 더 깊고 넓은 세상을 만나는 계기가 될 것입니다.

독후감

수학이라고 한다면 초등학교 중학교 고등학교 때 배운 산수계산으로 정답을 맞춰 점수를 받는 과목이라고 생각해 왔습니다. 단순히 높은 점수를 받기 위해 많은 공식을 암기하고 문제를 풀었습니다. '인간은 얼마나 깊게 생각할 수 있는가'라는 부제목과 함께 수학이 필요한 순간이라는 제목을 가진 이 책이 궁금하여 책의 첫 문단을 읽기 시작했습니다.

책은 수학의 개념과 수학의 발전이 우리의 모든 영역에 연결되어 있으며 우리의 직관에까지 영향을 미친다고 말해 줍니다. 또한 '수학은 정답을 찾는 일이 아닌 인간이 답을 찾아가는 과정이다'라고 일컫습니다.

단순히 수학은 문제와 답이 존재하는 한 가지 시험이라고 생각했지만 이 책을 읽고 '수학'이라는 것은 시험지의 정답만이 아닌 세상을 이해하고 설명하는 방식을 알려주는 학문임을 알게 되었습니다. 확률론의 선과 악을 다룬 3강을 보면 MIT기계공학과에서 만든 확률게임을 알려주는데 단계가 거듭될수록 결정을 하기 까다로워지는 게임입니다. 이 게임은 결정게임으로 차량 내부의 인원과 차량 전방의 인원을 선택하여 살리는 결정을 해야 하는 것으로 자율주행자동차에 들어갈 프로그램을 만들기 위한 게임입니다.

예를 들어 결정게임은 '지나가는 남성 4명과 승객인 남성 3명, 여성 1명 중에 어떤 무리를 선택하느냐', 더 나아가 '지나가는 남성은 도둑이다' 혹은 '여성 한 명은 임산부이다'와 같은 예를 들어 어떠한 선택에도 확률적으로 사람의 주관에 따라서, 알 수 없는 요인에 따라서 좋은 결과와 나쁜 결과가 나올 수 있다는 걸 보여준 게임입니다. 확률이란 선과 악이 없음을 알 수 있었습니다.

확률에 대한 결정게임의 예시를 보니 다빈치[da vinci]라는 수술로봇이 떠올랐습니다. 다빈치는 2000년 세계 최초 FDA 승인을 받은 수술로봇으로 지금까지도 빠른 속도의 발전으로 가벼운 시술부터 중요한 수술에까지 이용되고 있습니다. 의사는 수술실에 들어가 수많은 변수에 끊임없이 판단하며 환자의 생명을 살리기 위해 최선을 다합니다. 여전히 발견되지 못한 바이러스와 수술의 변수에 대해서 빠르고 정확한 확률적 판단을 하기 위해 '위와 같은 결정게임이 꾸준히 진행되면 좋겠다'라는 생각이 들었습니다.

또 다른 퀴즈는 '지능이 굉장히 높은 여자들은 대부분 자기보다 지능이 낮은 남자와 결혼한다는 통계적 결과의 이유는 무엇일까?'입니다. '여성의 지능이 남성보다 높은가?', '높은 지능의 여성은 자기보다 낮은 지능의 남성에게 호감을 더 느끼는가?'라고 생각했습니다. 정답은 바로 '확률적으로 대부분의 남자들이 지능이 굉장히 높다고 했을 때, 확률적으로 대부분의 사람들이 그들보다 지능이 낮기 때문이다.'입니다.

수학적으로 사고하는 게 오히려 도덕적으로 그릇된 답을 피할 수 있다는 사실을 알 수 있었습니다. 수학적 사고에 선과 악은 없으며 사회적인 편견에서 벗어난 답을 찾을 수 있게 해준다는 것을 알 수 있었습니다. 수학이라는 학문을 더 알게 되어 유익했고 수학적 사고를 통한 삶을 살아가기 위해 학습해야겠다는 생각이 들었습니다.

김이현 선생님의 독후활동 평가

이 책에서는 수학적 사고에 대한 중요성을 강조하고 있습니다. 일상의 문제에서도 정답부터 빨리 찾으려고 하기보다 좋은 질문을 먼저 던지는 것이 '수학적 사고'라고 말하고 있습니다.
이 책을 읽으며 수학적으로 사고한다는 것에 대한 인식의 개선과 오히려 도덕적으로 그릇된 답을 피할 수 있다는 사실을 아는 등 자신이 새롭게 알게 된 점과 느낀 점을 잘 표현하고 있습니다.
수학이라는 학문을 자세하게 알게 되어 유익했다는 점, 또 앞으로의 자신의 다짐을 표현한 점이 의미 있고 인상적이었습니다.

노명호 선생님의 독후활동 평가

이 책의 서두에서 '수학이 세상을 이해하고 설명하는 방식을 알려주는 학문임을 알게 되었다'라고 말하고 있습니다. 이전에는 '수학이 단순히 문제와 답이 존재하는 한 가지 시험'이라는 생각을 했다는 고백을 보면 이 책을 통해 수학에 대한 생각의 변화를 드라마틱하게 표현했다고 봅니다. 그런데 본문에서 든 이유와 예시가 부적절하다고 여겨집니다. MIT 기계공학과에서 만든 확률게임 사례를 통해 저자가 내린 결론은 '어떠한 선택에도 확률적으로 사람의 주관에 따라서, 알 수 없는 요인에 따라 좋은 결과 나쁜 결과가 나올 수 있다'라는 것입니다. 확률이란 선과 악이 없는, 즉 수학은 가치중립적이라 하면서 최종적으로 인간의 주관적 선택에 책임을 떠넘기고 있습니다. 뒤에 나오는 수술 로봇의 이야기는 고도로 발달하고 있는 확률게임의 증표로 사용하고 있는데 앞서의 자율주행자동차와는 다른 입장을 취하고 있어 혼란스럽습니다. 왜냐하면 여기서는 '정확한 확률적 판단을 하기 위해 위와 같은 결정게임이 꾸준히 진행되면 좋겠다는 생각이 들었다'라고 모순된 이야기를 하고 있기 때문입니다.

박현성 선생님의 독후활동 평가

수학적 사고를 통한 삶의 중요성을 강조하는 독후감입니다. 수학이 필요한 이유를 총 7장으로 서술해 놓았는데 각 장의 요약만으로는 이 책을 읽고 싶은 생각이 생기지 않을 것 같습니다. 이 책의 가치는 주장에 대한 근거와 사례인데, 요약 속에는 주장만 담겨 설득력을 가지기 힘들기 때문입니다.

하지만 이 책을 읽지 않은 독자가 독후감만 읽어도 이 책이 어떠한 논리적 구조를 가지는지 알 수 있고, 어떤 삶 속의 사례들이 담겨 있을지 궁금증이 생기게 됩니다. 결정게임의 예는 삶에서 매순간 선택을 해야 하는 우리에게 가치 있고 합리적인 선택을 수학적 사고로 찾아가는 방법을 보여주기 때문입니다. 이런 점에서 독후감이 최고의 서평이자 이 책을 읽어야 하는 이유입니다.

이제 여러분이 이 책을 읽고 소개한다면 결정게임을 넘어 여러분의 삶과 연관된 새로운 예들이 밤하늘의 별처럼 반짝일 것입니다.